MULHER E EDUCAÇÃO: A PAIXÃO PELO POSSÍVEL

FUNDAÇÃO EDITORA DA UNESP

Presidente do Conselho Curador
Herman Jacobus Cornelis Voorwald

Diretor-Presidente
José Castilho Marques Neto

Editor Executivo
Jézio Hernani Bomfim Gutierre

Conselho Editorial Acadêmico
Alberto Tsuyoshi Ikeda
Áureo Busetto
Célia Aparecida Ferreira Tolentino
Eda Maria Góes
Elisabete Maniglia
Elisabeth Criscuolo Urbinati
Ildeberto Muniz de Almeida
Maria de Lourdes Ortiz Gandini Baldan
Nilson Ghirardello
Vicente Pleitez

Editores-Assistentes
Anderson Nobara
Henrique Zanardi
Jorge Pereira Filho

MULHER E EDUCAÇÃO: A PAIXÃO PELO POSSÍVEL

JANE SOARES DE ALMEIDA

2ª Reimpressão

Copyright © 1998 Editora UNESP
Direitos de publicação reservados à:
Fundação Editora da Unesp (FEU)
Praça da Sé, 108
01001-900 – São Paulo – SP
Tel.: (0xx11) 3242-7171
Fax: (0xx11) 3242-7172
www.editoraunesp.com.br
www.livrariaunesp.com.br
feu@editora.unesp.br

Dados Internacionais de Catalogação na Publicação (CIP)
(Câmara Brasileira do Livro, SP, Brasil)

Almeida, Jane Soares de
  Mulher e educação: a paixão pelo possível / Jane Soares de Almeida. – São Paulo: Fundação Editora da UNESP, 1998. – (Prismas)

  Bibliografia.
  ISBN 85-7139-216-1

  1. Educação – Brasil – História 2. Educação fundamental – Brasil 3. Mulheres – Educação – Brasil 4. Professoras – Brasil 5. Sociologia educacional – Brasil I. Título. II. Série.

98-4246   CDD-371.110981

Índices para catálogo sistemático:
1. Brasil: Mulheres e magistério: Educação   371.110981
2. Brasil: Mulheres professoras: Educação   371.110981

Este livro é publicado pelo projeto *Edições de Textos de Docentes e Pós-Graduados da UNESP* – Pró-Reitoria de Pós-Graduação e Pesquisa da UNESP (PROPP) / Fundação Editora da UNESP (FEU)

Editora afiliada:

A minha mãe Dulce,
uma saudade que embala meus dias

"Me siento incapaz de revelar mi propia vida, queria que alguien me la revelara. Mi vida no es lo que he hecho, lo que he sido, sino aquello que no he podido dejar de ser."

María Zambrano, 1971.

SUMÁRIO

Prefácio 11

Apresentação 15

Introdução 17

1 Mulheres e educação: uma história sem registro 25

As conquistas femininas a partir do século XIX 26

O magistério feminino e as relações de poder 31

Os estudos de gênero e a História 39

A memória das mulheres e as histórias de vida 51

A educação escolarizada feminina e o magistério 55

A feminização do magistério:
alguns mitos e as possíveis verdades 63

Mulheres no magistério: uma longa parceria 80

2 Dos arquivos silenciosos à recuperação do vivido:
as fontes escritas e as fontes orais 105

Vozes dissonantes na imprensa periódica
educacional e feminina 112

A imprensa e a situação social e profissional
do professorado primário 128

A imprensa e a educação feminina em São Paulo 134

Vidas de professoras: a memória redescobrindo a história 160

Lembranças de professoras: retratos de
um tempo, emergência de saberes 164

O mundo da casa e o espaço público 170

Os processos da escolha profissional 184

Na vida, mulheres; na escola, professoras:
os mecanismos de controle e a resistência 196

Considerações finais 203

Mulher e Educação:
no contexto do possível, a descoberta da paixão 203

Referências bibliográficas 219

PREFÁCIO

Este é formalmente um livro de História da Educação, decorrente que foi do investimento acadêmico e científico de sua autora, a professora Jane Soares de Almeida, na realização de pesquisa historiográfica sobre a condição das primeiras professoras dos cursos de magistério na educação paulista, dos antigos cursos normais, com vistas à elaboração de sua tese de doutoramento junto à Faculdade de Educação da USP, trabalho que tive a oportunidade de acompanhar na condição de seu orientador.

Cumprindo com empenho e galhardia este seu compromisso, atendeu a todos os requisitos e exigências do mister historiográfico, compulsando atentamente suas fontes, de modo especial a imprensa pedagógica do final do século XIX até a década de 1930. Ampliou sua busca entrevistando longamente três professoras que trabalharam nos anos 40 e 50. A análise dos registros da imprensa e dos depoimentos das professoras permitiu à autora pintar um significativo quadro teórico-histórico da presença e da atuação dessas mulheres que cruzaram seus destinos com os processos mais profundos da educação básica no Brasil.

O trabalho mostra fundamentalmente a ocorrência da feminização do magistério, desde os seus primórdios, processo ainda vigente nos dias atuais. Apesar de a profissão docente surgir marcada por estereótipos de maternidade, ela representou o primeiro passo dado pelas mulheres, naqueles tempos, para obterem alguma instrução e conseguirem o ingresso no campo profissional. Em que pesem os preconceitos vinculados à condição sexual e às idiossincrasias masculinas, tal profissionalização significou a oportunidade entrevista pelas jovens de conseguir maior liberdade e autonomia num mundo que se transformava e no qual buscavam ocupar outro espaço que não aquele que lhes reservava a sociedade masculina e androcrática, identificado com a vida do lar, inteiramente dedicada à família e às lides domésticas. A proposta da autora foi a de relatar como ocorreu, no Estado de São Paulo, esse percurso profissional feminino no campo da Educação.

Mas o resultado não foi o de um relato fatualista, que se limitasse a mero registro dos dados históricos, de fatos e datas, de tentativas, sucessos e fracassos! Ao rigor historiográfico da retomada dos acontecimentos e situações, a abordagem analítica desenvolvida pela autora nos leva a uma bem fundamentada e articulada reflexão sobre a condição feminina, no contexto das mediações históricas da existência humana. A memória revivida faz ressoar silêncios e omissões, levantando véus daquilo que foi calado e sufocado. Assim, é-nos colocada uma problemática antropológica radical, que extrapola os limites do registro historiográfico, lançando-nos no âmago de uma reflexão densa sobre a condição feminina e seu complexo manifestar-se no tempo histórico-social.

Desse modo, o trabalho da professora Jane ganha dimensões de abrangência maior e de universalidade, ensejando, para além do conhecimento sistematizado e rigoroso de uma história ainda pouco explicitada, referências para uma reflexão de maior alcance, subsidiando-nos na compreensão de nossa realidade educacional, sobretudo nos aspectos relacionados com a significativa participação da mulher como a grande educadora da sociedade brasileira.

A investigação histórica cuidadosa e a reflexão interpretante perspicaz e crítica permitirão aos leitores/educadores aprenderem aspectos substantivos da historicidade da educação, sua inserção no contexto econômico, político e social, mas também ricas

MULHER E EDUCAÇÃO: A PAIXÃO PELO POSSÍVEL   13

significações antropológicas de constituição do sujeito educador e sua especificação concreta no ser da mulher, no qual a dimensão afetiva ocupa lugar insuperável. A autora opera um bem articulado resgate do exercício docente das professoras, requalificando-o ante tantas críticas, aleivosias e estereótipos que perpassam a cultura brasileira. A dedicação e o devotamento de tantas mulheres à educação das crianças não se explicariam apenas pelos ditames profissionais: estamos também, segundo a autora, diante de uma outra fonte energética: a paixão pelo possível, "sentimento derivado do sentido do ser e da existência, que incorpora o desejo às possibilidade concretas de sua realização". A autora entende que pode estar aí "a extrema ambiguidade do ato de ensinar e da presença das mulheres no magistério".

Sem dúvida, trata-se de texto escrito igualmente com muita paixão, que não deixará de suscitar no leitor compromissado com os objetivos tão relevantes da educação também um forte impulso de paixão, este sentimento poderoso que interpela a razão e dinamiza a vontade, impelindo à ação eficaz, construtora de história. Por isso, leitura que muito contribuirá para elucidar nossos caminhos e aclarar nossos passos, ao mesmo tempo que estará nos impulsionando para o agir compromissado com a construção da cidadania.

Antonio Joaquim Severino
São Paulo, agosto de 1998.

APRESENTAÇÃO

Este livro é resultado de pesquisa realizada durante a elaboração da minha tese de doutoramento, apresentada à Faculdade de Educação da Universidade de São Paulo. A presença feminina no magistério primário em São Paulo, e certamente no Brasil, apesar de determinante nos rumos tomados pela profissão ao longo das décadas em que esta se alicerçou no panorama educacional brasileiro, ainda não tem sido prioridade nos estudos sobre Educação escolar. Isso certamente reflete a sistemática de exclusão do sexo feminino nas várias instâncias do mundo social e do trabalho.

A profissão do magistério que, a princípio, foi ideologicamente erigida como dever sagrado e sacerdócio por conta da tradição religiosa do ato de ensinar, tornou-se, na segunda metade do século XX, alvo de denúncias de proletarização e desvalorização, ora colocando professores e professoras como vítimas do sistema, ora como responsáveis pelos problemas educacionais que afligiam o país. Neste fim de século, o magistério primário é uma profissão definitivamente feminizada e as mulheres professoras têm em suas mãos a responsabilidade de ensinar crianças nos seus primeiros anos escolares, num país que acaba de promulgar a sua segunda Lei de Diretrizes e Bases e instituir a Década Nacional da Educação.

Dessa perspectiva, acerca do magistério como uma profissão essencialmente feminina, este livro situa-se no âmbito de uma investigação histórica que busca resgatar a trajetória das lutas feministas pelo direito das mulheres à Educação e, consequentemente, à cidadania plena e consciente, a partir da vivência das professoras no Estado de São Paulo. É um livro essencialmente sobre mulheres, sobre desejo, coragem e esforço, num território onde o poder masculino sobrepõe-se a direitos e onde se equilibram os sonhos e a vontade dessas mulheres.

Para a escrita deste livro colaboraram pessoas e instituições, a quem agradeço a possibilidade de vê-lo agora concretizado: ao professor doutor Antonio Joaquim Severino, orientador da pesquisa; ao professor doutor António Nóvoa, meu orientador em Portugal; à Capes e ao CNPq, pelo auxílio financeiro recebido; à Universidade de São Paulo; à Universidade Estadual Paulista (UNESP), onde exerço minhas funções docentes e de pesquisa; à Editora UNESP e à Pró-Reitoria de Pós-Graduação, pela publicação do livro. Um agradecimento especial às professoras Elza, Maria Eugênia, Maria e Helena, pelo tempo e disposição para me contarem suas memórias. Devo a elas uma grande parte deste livro.

Também existem pessoas, da esfera privada do meu querer, que se mantiveram a meu lado durante o processo de criação e me estimularam com sua solidariedade e afeto: Luis Fernando, meu companheiro; Sandro, Mário, Marcos, meus filhos amados; Josmari e Jenifer, minhas irmãs; Diana Diez e Rosa Fátima, amigas especiais. E Júlia. Há também tantos amigos que não posso citá-los nominalmente, mas que fazem parte da minha existência. E, finalmente, aqueles que me deram a vida e que não estão mais aqui comigo para viver este momento: meu pai e minha mãe, pessoas a quem muito amei e que foram o alicerce, as paredes e o aconchego. A todos, meu agradecimento.

Outubro de 1998.

INTRODUÇÃO

Em 27 de novembro de 1908, no Rio de Janeiro, cidade que se expandia como capital do país, Teixeira Mendes, um dos mais notáveis expoentes da doutrina positivista no Brasil, discursava sobre a *preeminência social e moral da mulher segundo os ensinos da verdadeira ciência positiva*, sob os aplausos entusiásticos da assistência que lotava a Escola de Música:

> pureza, quer dizer, menor energia no egoísmo: a Mulher é mais sóbria do que o homem; o instinto sexual, na Mulher, pode-se dizer que não existe quase, de ordinário; a Mulher se presta, sacrifica-se às grosserias do homem, mas é fundamentalmente pura; a pureza quase não custa esforço à Mulher, e é por isso que ela é tão severa quanto a este ponto, em relação ao seu sexo. (Mendes, 1958, p.35)

No imaginário da sociedade brasileira no final do século XIX e nas primeiras décadas do século XX, o sexo feminino aglutinava atributos de pureza, doçura, moralidade cristã, maternidade, generosidade, espiritualidade e patriotismo, entre outros, que colocavam as mulheres como responsáveis por toda beleza e bondade que deveriam impregnar a vida social. Essa concepção sobre as qualidades femininas, mais a religiosidade e ausência de instinto sexual das mulheres, induzia ao arquétipo religioso da comparação com a Virgem da religião católica e, ao mesmo tempo, revelava uma mudança de mentalidades acerca das concepções vigentes nos séculos XVII e XVIII, quando se pregava a lascívia e maldade inatas das mulheres, claramente postas no discurso antifeminino desse período.[1] Mesmo tendo introduzido um avanço acerca da imagética feminina em relação aos períodos anteriores em que o mistério e as crendices herdadas da Idade Média ainda influíam nessas representações, os positivistas, ao adotarem os modelos de domesticidade e renúncia, foram determinantes para a desclassificação social da mulher. O discurso das qualidades morais femininas armava-se de ambiguidades e prestava-se admiravelmente bem para referendar o mito da inferioridade biológica que vinha impregnando também o discurso dos evolucionistas, segundo as ideias spencerianas, o que permaneceu por décadas.

A feminista e escritora portuguesa Emília de Sousa Costa, autora de romances e livros infantis, muito conhecida no Brasil, repetiu quase o mesmo que Teixeira Mendes alguns anos depois, em conferência proferida também no Rio de Janeiro em 1923: "a alma de uma nação é a alma da Mulher, da Mãe – que é a educadora, a escultora dos caracteres, a transmissora dos papiros sagrados da tradição, a guarda fiel do amor da Pátria no coração de seus filhos" (Costa, 1923, p.13).

Esse pensamento valorizava a mulher apenas como mãe e esposa abnegada, para quem o lar era o altar no qual depositava sua esperança de felicidade e, sendo o casamento sua principal aspiração, era a indicada para ser a primeira educadora da infância, sus-

---

1 Maria Antonia Lopes analisa essas concepções através do discurso normativo e das representações dos defeitos e incapacidades femininas e refere-se ao célebre folheto misógino de Baltasar Dias do século XVI, que foi sucessivamente reeditado até o século XIX. A autora também cita outros escritos que se referem à preguiça, à vaidade, à sensualidade e ao perigo, para os homens, representado pelas mulheres nas obras de Gonçalo Fernandes Trancoso (século XVI) e Martim Afonso de Miranda (século XVII). Diogo Paiva de Andrade acusa a mulher de irresponsabilidade, liberalidade, ociosidade, entre outros defeitos, opinião já proposta pelo Padre Antonio Vieira (Lopes, 1989, p.18).

tentáculo da família e da pátria. Porém, apesar de reforçar o discurso de desigualdade entre os sexos, o positivismo advogou a mesma instrução para homens e mulheres, embora seus adeptos se manifestassem contrários à coeducação.

A educação feminina, apesar da pretendida igualdade, diferenciava-se nos seus objetivos, pois, segundo os positivistas, o trabalho intelectual não devia fatigá-las, nem se constituir um risco a uma constituição que se afirmava frágil e nervosa, o que poderia, certamente, debilitar seus descendentes. Na realidade, o fim último da educação era preparar a mulher para atuar no espaço doméstico e incumbir-se do cuidado com o marido e os filhos, não se cogitando que pudesse desempenhar uma profissão assalariada. A mulher educada dentro das aspirações masculinas seria uma companhia mais agradável para o homem que transitava regularmente no espaço urbano, diferentemente do período colonial com seu recolhimento e distanciamento do espaço da sociabilidade.

Os anos seguintes continuaram idealizando um perfil feminino de desprendimento, bondade, beleza e meiguice. A mãe, principal interesse dos homens e da pátria, deveria ser pura e assexuada e nela repousariam os mais caros valores morais, éticos e patrióticos. Apesar das conquistas efetivadas ao longo das primeiras décadas do século, como o acesso das mulheres ao ensino superior e a algumas profissões, os ideais positivistas permaneceram impregnando a mentalidade brasileira ainda por muito tempo.

Contrapondo-se à herança positivista que impregnou a ideologia acerca do sexo feminino durante as primeiras décadas do século XX, trabalhos acadêmicos da segunda metade, mais precisamente os publicados nos anos 60 e 70, incorporando os ideais feministas que irromperam nesse período e adotando balizas epistemológicas derivadas do marxismo, passaram a fazer uma espécie de antidiscurso em que se ressaltava a "vitimização" da mulher.

Nesse discurso, a mulher era apresentada como a vítima do poder masculino, a eterna oprimida por uma sociedade fálica e patriarcal, a receptora passiva das imposições sociais, porém detentora de um certo potencial de resistência contra a opressão.

Quando esse discurso "vitimizador", que irrompeu dos meios acadêmicos, invadiu o magistério e as salas de aula, não apresentou resultados positivos e se radicalizou. Ao incorporar as categorias marxistas de dominação e opressão, venda da força de trabalho e luta de classes, promoveu um esvaziamento conceitual e pedagógico no trabalho docente, enquanto gênero neutro, e ainda mais acentuadamente no trabalho docente feminino.

A profissão do magistério que, a princípio, foi ideologicamente vista como dever sagrado e sacerdócio, por força dessas mesmas teorias tornou-se, na segunda metade do século XX, alvo das acusações e das denúncias de proletarização do magistério, ora colocando professores e professoras como vítimas do sistema, ora como responsáveis pelos problemas educacionais desde o momento de sua formação profissional. Ao incorporar que o magistério era um trabalho essencialmente feminino, essas mesmas teorias acabaram por promover distorções analíticas quando alocaram no sexo do sujeito a desvalorização da profissão, o que foi, convenhamos, uma contribuição que acabou por se revelar também como um fator de discriminação e "vitimização" da mulher.

Esses estudos tiveram sua importância e serviram para desmistificar e denunciar as mazelas da carreira docente, embora tal não fosse uma grande novidade nos meios intelectuais e políticos, e para trazer ao espaço público as mulheres enquanto profissionais, e, indubitavelmente, isso se constituiu um avanço. Porém, há que se pensar que pode ter havido sequelas: a categoria profissional, a professora como pessoa e a própria relação pedagógica sofreram, concomitantemente, no plano objetivo, uma efetiva desvalorização profissional e um processo de desqualificação que, ainda nos tempos atuais, não dá mostras de reversibilidade.

No plano simbólico, representado pelo prestígio da profissão, ocorreu um certo desgaste e baixas expectativas que se vincularam, principalmente, ao fato de esta ter-se feminizado, o que foi divulgado nos diversos trabalhos acadêmicos, muitas vezes de forma até extremista. Apesar de, num primeiro momento, conforme já foi dito, esses trabalhos terem sido relevantes para a denúncia dos problemas educacionais, sua permanência e incorporação no atual discurso educacional não tem sido de grande valia para o resgate do trabalho docente exercido pelas mulheres. Muito pelo contrário, introjetou nas jovens que procuram o magistério, num período do seu desenvolvimento no qual as escolhas profissionais são na maioria das vezes aleatórias, quando não determinadas por outros fatores que não os de ordem profissional, uma visão negativa do curso e da profissão.

Talvez essa visão negativa possa não ser determinante nos rumos profissionais dessas jovens, mas, certamente, impregna em sua consciência atributos de desvalorização acerca da carreira de professora, podendo mesmo interferir no próprio trabalho docente mediante sentimentos de desânimo, falta de responsabilidade, descrença e rebeldia às inovações educacionais para a melhoria do ensino, entre outros. O mesmo pode ocorrer com aquelas que já atuam no campo de trabalho, colaborando para a implantação da rotina, da rejeição ao estudo e da resistência a mudanças positivas. Essas são hipóteses de investigação que podem ser aproveitadas em pesquisas sobre o magistério, embora não estejam contempladas diretamente neste livro, e derivam de um pressuposto básico: *se a educação modifica a mulher, assim como todos os seres humanos, a mulher também modifica a educação escolarizada, enquanto sua principal veiculadora.*

Aceitando-se que as análises sobre a educação não podem mais prescindir da categoria gênero, é possível que se descortinem novos paradigmas que levem à compreensão da intrínseca relação entre mulher e educação e, assim, novas hipóteses podem ser construídas.

O título deste livro utiliza o termo *paixão pelo possível* ao referir-se ao magistério como profissão feminina. Este termo exibe uma ambiguidade que não deve ser confundida com *missão*, *vocação* ou *sacerdócio*, qualificações profissionais que estiveram em voga na época à qual me refiro e que hoje parecem estar superadas.

O conceito de *paixão*, utilizado no desempenho docente e quando se refere às mulheres professoras principalmente, mostra que o ato de educar outro ser humano é difícil, exige força interior e vontade. Cuidar de crianças que não sejam os próprios filhos envolve outros componentes que não apenas o trabalho e é necessário que se restitua à carreira a dignidade profissional, recriando a esperança. Uma esperança e uma fé que têm sido sistematicamente destruídas a cada educadora que deixa o magistério em busca de melhores salários para poder sobreviver e a cada criança que não consegue permanecer na escola por culpa das desigualdades sociais. São esses atributos, ancorados na dimensão afetiva inerente aos seres humanos, que explicam a permanência, a dignidade e o esforço que as professoras projetam na profissão que desempenham e fazem que, apesar de tudo, a escola ainda continue sendo uma das poucas alternativas para se socializar o conhecimento, especialmente para uma grande maioria que chega até ela numa tentativa de escapar a um destino imposto por um sistema social não igualitário.

A paixão é vista aqui, portanto, como desejo, coragem, esforço, desafio, luta, aquilo que impulsiona cada ser humano para superar-se e transcender-se. As primeiras mulheres, as pioneiras da profissão que desafiaram estruturas de desigualdade social, que resistiram e acataram normatizações que as confinavam e oprimiam, mas que também deram os primeiros passos na tentativa de conseguir algo mais do que aquilo que lhes concedia o poder masculino, fazem-se presentes nestas páginas. Resgatar essa presença das brumas do passado e dar-lhe perpetuação por meio da obra escrita é a função do historiador. Defender ideias e pontos de vista divergentes, demolir parâmetros ao escolher a experiência vivida como foco de análise, promover rupturas nos valores dados como permanentes, expor-se e aceitar os riscos e as críticas fazem parte do ofício de se realizar pesquisa histórica, o que também é um ato de coragem e, por que não, de *paixão*.

Para atingir os objetivos propostos, duas fontes de pesquisa foram utilizadas: as representadas pela imprensa periódica educacional e feminina da época e o testemunho de antigas professoras primárias do interior paulista. A imprensa feminina, escrita e dirigida por mulheres, representava seu modo de agir e de pensar no período histórico em que atuaram. A imprensa pedagógica procurou desvendar tanto o ponto de vista masculino como o feminino no campo educacional e o período analisado inicia-se no fim do século XIX, indo até a década de 1930. Essa análise foi complementada com as lembranças de três professoras escolhidas pelo critério de idade e que lecionaram nos anos 40 e 50, abrangendo com isso mais de meio século da história das mulheres na educação brasileira. A análise da imprensa e os depoimentos das professoras foram importantes para esclarecer aspectos da feminização do magistério e mostraram que mulheres e educação cruzaram seus destinos desde os primórdios do século e assim permanecem nos tempos atuais.

No campo educacional, pode-se considerar que o ano de 1890, quando se inaugurou em São Paulo a Escola-Modelo para servir de setor de prática de ensino para os normalistas, representou um marco na formação dos professores primários no Estado. Em 1846 havia sido criada em São Paulo a primeira Escola Normal, que foi, a princípio, destinada ao sexo masculino e cujo ingresso era vedado às moças. Trinta anos depois, em 1876, a abertura da sessão feminina da Escola Normal no Seminário da Glória representou a primeira via de instrução escolarizada institucional de nível médio aberta às mulheres no âmbito do ensino público.

Com o maciço ingresso feminino nessa escola, apesar da profissão de professora ter assumido contornos de maternidade e esculpir-se nos moldes da formação de boas donas de casa e mães de família, esse foi o primeiro passo dado pelas mulheres no período a fim de adquirir alguma instrução e conseguir o ingresso numa profissão. Isso não foi apenas resultado de uma concessão masculina, nem se veiculou sem estar impregnado de preconceitos ligados ao sexo, mas significou a oportunidade entrevista pelas jovens de conseguir maior liberdade e autonomia, num mundo que se transformava e no qual queriam ocupar um determinado espaço que não apenas o que lhes foi reservado pela sociedade masculina e representado pela vida no lar, dedicando-se inteiramente à família.

Durante muito tempo a profissão de professora foi praticamente a única em que as mulheres puderam ter o direito de exercer um trabalho digno e conseguir uma inserção no espaço público, dado que os demais campos profissionais lhes foram vedados. O fato de não ingressarem nas demais profissões, acessíveis somente ao segmento masculino, e a aceitação do magistério, aureolado pelos atributos de missão, vocação e continuidade daquilo que era realizado no lar, fizeram que a profissão rapidamente se feminizasse. É esse percurso profissional feminino no campo da educação, não totalmente isento de lutas e reivindicações como sempre se quis fazer acreditar, que este estudo pretende relatar da forma como ocorreu no Estado de São Paulo, num movimento que também teve seus correspondentes nos demais estados da nação.

I MULHERES E EDUCAÇÃO: UMA HISTÓRIA SEM REGISTRO

Atualmente, a História das Mulheres constitui um campo de estudos bastante privilegiado, mas, as mulheres, enquanto profissionais do ensino, têm sido constantemente relegadas ao esquecimento. Tal paradoxo revela-se na História e na História da Educação, disciplinas que, segundo Nóvoa,[1] permanecem atreladas aos cânones historiográficos inventados no século XIX e que não levam em consideração que a predominância feminina no ensino profissional, desde o século passado, e as diferenças entre os sexos, denominadas relações de gênero na crítica feminista contemporânea, constituem-se importantes focos de análise.

As bases epistemológicas utilizadas na pesquisa histórica deveriam incorporar balizas filosóficas, adotando uma concepção

---

1 O autor afirma que, "não obstante a especificidade dos contextos nacionais, particularmente no que diz respeito às tensões ideológicas que atravessam o debate escolar, não há diferenças essenciais na maneira de contar a História da Educação: as obras e os homens (Mme. de Maintenon e, mais tarde, Montessori, são as exceções femininas) que têm direito a divulgação são invariavelmente os mesmos nos países europeus e americanos. Constrói-se então uma tradição educacional da qual somos ainda hoje herdeiros, por adesão ou por rejeição: um século depois, muitas histórias da educação continuam a ter como referência os cânones historiográficos inventados no século XIX" (Nóvoa, 1994, p.70).

de ciência que supõe a complexidade do conhecimento, da realidade e da historicidade; uma concepção voltada para a temática do existir humano na busca de um sentido para a existência do ser e que considera o tempo histórico em sua abrangência e circularidade, o que torna possível as relações de inteligibilidade entre o passado e o presente. Essa visão de ciência é globalizante e envolve a longa duração, porém desconsidera como sujeito histórico apenas o ser único e universal proposto pelos paradigmas clássicos e caminha em meio às rupturas das teorias ortodoxas, rejeitando esquemas rígidos desvinculados do essencial da vida humana que é o existir. Se o saber científico, do ponto de vista da teoria do conhecimento, visa sempre o coletivo, não se pode eximir de considerar que a condição humana se dá nos fatos pontuais do cotidiano, campo que pode restringir o alcance do universal e é representado pelas ações de homens e mulheres com aspirações únicas e vidas solitárias que, paradoxalmente, não excluem o desejo de fazer parte da coletividade para conseguir a realização individual.

Entre mulheres e educação, o que sempre se esculpiu nas vidas femininas foi um entrelaçamento de destinos incorporando sujeitos históricos aspirando por um lugar próprio no tecido social e uma profissão que se adaptou perfeitamente àquilo que elas desejavam, aliando ao desempenho de um trabalho remunerado as aspirações humanas e afetivas que sempre lhes foram definidas pela sociedade. Registrar essa história feminina no campo educacional tem sido a tentativa de estudiosos do tema, mas estes ainda são bastante reduzidos. Recuperar a trajetória das mulheres no magistério se configura, num momento em que a profissão é absolutamente feminina, em tirar da obscuridade as professoras que se encarregam no país, há mais de um século, da educação fundamental, apesar das notórias dificuldades enfrentadas por elas, como mulheres e como profissionais.

AS CONQUISTAS FEMININAS A PARTIR DO SÉCULO XIX

Do fim do século XIX até as primeiras décadas do século XX, mudanças socioeconômicas ocasionadas pela implantação do regime republicano no país, pelo processo de urbanização e industrialização, pelas duas guerras mundiais e seus efeitos nas mentalidades da sociedade da época, pelas conquistas tecnológicas representadas pela difusão dos meios de comunicação, coincidiram com a eclosão das primeiras reivindicações do feminismo que, nos países onde chegou, atingiu várias gerações de mulheres, ao alertar para a opressão e para a desigualdade social a que estiveram até então submetidas. Com o movimento feminista e na esteira das reivindicações pelo voto, o que lhes possibilitaria maior atuação política e social, a domesticidade foi invadida e as mulheres passaram a atuar no espaço público e a exigir igualdade de direitos, de educação e profissionalização. Após o término do regime ditatorial que se implantou no Brasil com o golpe de Estado em 1937, a retomada dos ideais democráticos coincidiu com o final da Segunda Guerra Mundial e contribuiu para mudanças nas representações culturais acerca da educação feminina e do papel das mulheres na nova sociedade que emergia.

No mundo ocidental mais desenvolvido, a constatação da capacidade feminina para o trabalho fora do âmbito doméstico e o consequente ganho de autonomia que isso poderia proporcionar, mais as necessidades de sobrevivência ditadas pelas circunstâncias, iniciaram uma reviravolta nas expectativas sociais, familiares e pessoais acerca do sexo que até então estivera confinado no resguardo do espaço doméstico e no cumprimento da função reprodutiva. Essas ideias, por sua vez, atravessaram as fronteiras por intermédio da imprensa, do rádio e do cinema, influenciando as mentalidades nos países periféricos, entre eles o Brasil, principalmente em São Paulo e no Rio de Janeiro. Para isso, a contribuição da imprensa feminina foi decisiva e as mulheres instruídas aproveitaram esse espaço aberto no mundo das letras para se fazer ouvir e expor uma nova maneira de pensar, diferente daquela dos tempos do Império.

No plano educacional, os anos iniciais do século ofereceram maiores oportunidades ao sexo feminino, representadas pela escolarização das meninas e moças, na esteira dos ideais positivistas e republicanos, tendência essa que se estruturou nas décadas seguintes. A historiografia tem mostrado essas mudanças como resultado de uma política de concessão por parte dos poderes oficialmente instituídos e dirigidos pelo sexo masculino, sem atentar que as mudanças, assim como as chamadas "concessões", também foram resultado de atendimento às reivindicações e, portanto, conquistas femininas. Sem o movimento das mulheres, sem a resistência de algumas e o desafio que lançaram à sociedade, tais resultados demorariam muito mais para ser implantados.

O magistério primário, como ocupação essencialmente feminina revelada já nesse período, possibilitou às mulheres, notadamente da classe média que se alicerçava no panorama socioeconômico do país, a oportunidade para ingressar no mercado de trabalho. A possibilidade de aliar ao trabalho doméstico e à maternidade uma profissão revestida de dignidade e prestígio social fez que "ser professora" se tornasse extremamente popular entre as jovens e, se, a princípio, temia-se a mulher instruída, agora tal instrução passava a ser desejável, desde que normatizada e dirigida para não oferecer riscos sociais. Ensinar crianças foi, por parte das aspirações sociais, uma maneira de abrir às mulheres um espaço público (domesticado) que prolongasse as tarefas desempenhadas no lar – pelo menos esse era o discurso oficial do período. Para as mulheres que vislumbraram a possibilidade de liberação econômica foi a única forma encontrada para realizarem-se no campo profissional, mesmo que isso representasse a aceitação dessa profissão envolta na aura da maternidade e da missão.

O movimento feminista no Brasil, na virada do século, foi liderado por uma elite feminina letrada, culta e de maior poder econômico, que, a exemplo das suas iguais europeias e norte-americanas, não queria ficar ausente do processo histórico. Apesar de, no caso brasileiro, o processo ter se desenvolvido de forma um tanto quanto amena, sem a radicalização das inglesas, por exemplo, as brasileiras, a seu modo, também desafiaram a estruturação social vigente, no que foram muitas vezes apoiadas por homens pertencentes aos meios políticos e intelectuais, e sua causa serviu, também, às oligarquias que ditavam e normatizavam as regras sociais de então. A conquista do direito ao voto, que se deu na década de 1930, mais a implantação do Estado Novo e o consequente cerceamento político provocaram uma parada no movi-

MULHER E EDUCAÇÃO: A PAIXÃO PELO POSSÍVEL   29

mento e as mulheres mantiveram-se silenciosas por mais de três décadas, quando novamente a bandeira feminista foi hasteada e veio dos Estados Unidos um grito uníssono e forte por liberdade, na esteira de *A mística feminina*, de Betty Friedman, nos anos 60. O apelo e o alerta lançados pelas norte-americanas na voz de Friedman sensibilizaram também as europeias e as sul-americanas que se reconheceram nas mútuas interrogações:

> O problema permaneceu mergulhado, intacto, durante vários anos, na mente da mulher americana. Era uma insatisfação, uma estranha agitação, um anseio de que ela começou a padecer em meados do século XX, nos Estados Unidos. Cada dona de casa lutava sozinha com ele, enquanto arrumava camas, fazia as compras, escolhia tecido para forrar o sofá da sala, comia com os filhos sanduíches de manteiga de amendoim, levava os garotos para as reuniões de lobinhos e fadinhas e deitava-se ao lado do marido à noite, temendo fazer a si mesma a silenciosa pergunta: "É só isto?". (Friedman, 1971, p.17)

A sociedade brasileira, na década de 1970, assistiu a verdadeiras revoluções femininas no noticiário internacional e constatou que as mulheres da segunda metade do século eram diferentes das pioneiras dos anos iniciais. No magistério, definitivamente feminizado, elas, aos poucos, tiveram alguns direitos assegurados, como jornada de trabalho compatível, salários não diferenciados dos salários masculinos, aposentadoria aos 25 anos de serviço, licenças de saúde e maternidade, entre outros benefícios, embora a profissão, seguindo uma tradição de décadas, continuasse sendo mal remunerada. Esse processo, até hoje, não dá mostras de reversibilidade, atrelada que está essa má remuneração aos serviços prestados pelo Estado à população e não ao fato do magistério possuir maioria feminina, como tem sido comumente apontado. Portanto, a feminização do magistério leva a uma série de indagações que, neste livro, pretende-se que transcendam o sócio-político-econômico, dado que, voluntariamente, é minha pretensão levar a efeito uma análise que envolva categorias diferenciadas que transitem também pela subjetividade e privilegiem a dimensão existencial dos protagonistas dessa história mais intimista.

Para isso, as principais questões são: o que motivou as mulheres a procurarem o magistério e nele permanecerem? O que as levou a escolher o curso de formação de professoras e dedicar-se ao ensino? Que processos, *além das condições concretas de vida*, impulsionaram as mulheres para essa profissão, apesar de seus já alardeados problemas? Atualmente a sociedade e as mentalidades mudaram, o mercado de trabalho ampliou-se e muitos direitos femininos foram conquistados, mas os cursos continuam sendo procurados por uma maioria de moças e a "profissão de professor", notadamente no ensino fundamental, feminizou-se num processo que, paulatinamente, vem se estendendo para os demais níveis de ensino.

Vários estudos têm apontado as prováveis causas dessa feminização e do afastamento masculino. Muitas denúncias já foram feitas, porém, mesmo sob os enfoques dos mais diversos modismos educacionais e diferentes abordagens metodológicas, mesmo sob as orientações behavioristas que perseguem a racionalidade técnica e as acusações das teorias reprodutivistas, as professoras vêm realizando um trabalho digno e indispensável, apesar dos desleixos governamentais, dos parcos salários, das más condições profissionais. As mulheres permaneceram no magistério apesar da ampliação dos leques ocupacionais por força do progresso, da industrialização e da tecnologia. E, por paradoxal que possa parecer, um número significativo gostando do que faz, acreditando e resistindo criativamente, o que permite considerar que a dimensão humana comporta uma variada e extensa gama de análises que não podem deixar de envolver o universo profissional das professoras e das suas vidas no magistério, ao aliar dados da realidade com a pregnância de aspectos da subjetividade, os quais, por sua vez, compreendem também os desejos e as emoções de cada ser humano na sua luta cotidiana.

A historiografia que comumente vem sendo adotada dificilmente tem visto as profissionais do magistério como pessoas que efetuam escolhas concretas determinadas pela sua existência objetiva e por sentimentos que, embora não mensuráveis, são possuidores do sentido e do significado da vida de cada uma. Num momento em que a competência técnica e a dimensão político-econômica invadem as salas de aula, em que a tecnologia e a informática ameaçam tornar obsoletas as relações interativas entre alunos(as) e professores(as), que se veem esvaziados de sua dimensão pessoal e existencial, nas quais os seres humanos questionam seus próprios valores, há que se resgatar categorias que foram relegadas ao esquecimento quando se falou do magistério nos últimos anos e que se situam muito mais próximas da essência humana. Dentro dessa perspectiva, há também que se buscar a apreensão do trabalho docente feminino por meio de uma abordagem que leve em consideração as categorias apontadas e que se fundamente num aporte epistemológico que renuncie a todo e qualquer conhecimento absoluto e que redescubra a dimensão do vivido e do experienciado no essencial do existir.

O MAGISTÉRIO FEMININO E AS RELAÇÕES DE PODER

Ao longo da história, a educação e a profissionalização femininas têm sido sempre relegadas a um plano secundário. Muitas vezes também são objeto de distorções do ponto de vista dos homens e até das próprias mulheres que, por força das imposições culturais, assimilam valores masculinos e aceitam ser confinadas à reprodução biológica e às esferas privadas sem questionar esses papéis. Isso implica o estabelecimento de relações de poder entre os dois sexos que passam, também, pela questão do saber, dado que conhecimento e poder estão necessariamente interligados. Manter o dominado longe do saber foi e continua sendo uma estratégia eficiente no controle e na manutenção de mecanismos de dominação.

No caso feminino, alocar às mulheres a responsabilidade educativa das crianças sempre foi uma proposta defendida vigorosamente nos meios políticos e intelectuais brasileiros, por meio de uma mentalidade forjada nos moldes da herança cultural portuguesa. A cultura lusitana foi determinante para esculpir na sociedade brasileira os contornos extremamente definidos dos papéis sexuais. Para os portugueses, a responsabilidade feminina nunca deveria transpor as fronteiras do lar, nem ser objeto de trabalho remunerado, o que era defendido em todas as instâncias sociais. Tome-se, como exemplo, o conhecido educador português Agostinho de Campos, que, em 1921, escreveu em Lisboa:

> Queremos que a mulher aprenda e saiba, e achamos bem que ela advogue e politique se tanto lhe dá gosto. Mas se a falência da escola como educadora moral se acentua de dia para dia e em toda parte; se o mesmo progresso da justiça social reclama que cada mulher tenha seu próprio lar e amamente o seu filho, em lugar de vender a sua força e seu leite aos lares e aos filhos alheios, se enfim a espécie humana quer durar, progredindo e melhorando, parece então que, além de médicas , advogadas e deputadas, convém haver também algumas mães e algumas donas de casa, pelo menos enquanto o socialismo nos não apresente um modelo garantido de chocadeira para bebês e a amostra de um lar governado com toda dedicação, todo amor e toda poesia, por funcionários pagos pelo Estado. Até lá, a melhor mestra das futuras mães será a mãe, e a melhor escola para donas de casa, a própria casa burguesa – e não o convento, nem o liceu oficial. (Campos, 1921, p.21)

Esse era o tipo de mentalidade contra a qual as mulheres tinham de lutar ou conformar-se para viver em sociedade. Mentalidades vindas de meios intelectuais esclarecidos e aceitas como máximas de verdade e bom senso.

Situa-se aí a extrema ambiguidade da posição feminina a respeito de trabalho e instrução, representada pelo *equilíbrio entre a condição desejável e a possível de se obter*. O magistério, por sua especificidade, foi uma das maiores oportunidades com a qual contou o sexo feminino para atingir esse equilíbrio. Era aceitável que as mulheres desempenhassem um trabalho, desde que este significasse cuidar de alguém. O doar-se com nobreza e resignação, *qualidades inerentes às mulheres*, era premissa com a qual também afinavam-se profissões como enfermeira ou parteira.

Na concepção que vigorou no mundo civilizado ao longo dos séculos, a culminância da existência feminina sempre se resumiu em amar, ser amada e cultivar-se para a vida em sociedade. Os anos iniciais do século XX continuaram mantendo essa tradição, apesar das indiscutíveis conquistas da ciência, do progresso da vida social e da ampliação do conhecimento humano. Dentre as atribuições femininas não estava prevista a concorrência com os homens em termos profissionais e intelectuais, o que possibilitaria a ultrapassagem dos limites da segurança social.

Para a ordem estabelecida, a liberação econômica das mulheres por meio do trabalho remunerado e sua autonomia intelectual, representada por uma educação não diferenciada da dos homens, significava a ruptura com os acordos tacitamente estabelecidos desde outras épocas e poderia promover desordem social ao alijar do sexo dominado essa subordinação. Portanto, tornava-se necessário que fossem educadas, porém somente se o lar, o marido e os filhos fossem com isso beneficiados.

Mantida dentro de certos limites, a instrução feminina não ameaçaria os lares, a família e o homem. Essa educação, que, a princípio e de acordo com a tradição portuguesa, fora negada sob o pretexto de que conhecimento e sabedoria eram desnecessários e prejudiciais à sua frágil constituição física e intelectual, acabou por revelar-se desejável a partir do momento em que a mulher passou a ser vista, na sociedade da época, como a principal mantenedora da família e da pátria, conforme pregava o discurso eugênico e positivista. Nesse contexto, o magistério de crianças configurou-se bastante adequado ao papel da mulher como regeneradora da sociedade e salvadora da pátria e tornou-se aceitável, em termos sociais, familiares e pessoais, que ela trabalhasse como professora.

Do princípio até a metade do século, a vida social, as expectativas sobre a conduta feminina, as doutrinações religiosas da Igreja Católica, as implicações na sexualidade, o controle da feminilidade e as normatizações sociais, aliadas às exigências de casamento religioso, batismo dos filhos e a confissão dos pecados, significavam uma exacerbada vigilância do corpo e da alma das mulheres. A necessidade de instruir-se e educar-se constituía um dos principais anseios para sua liberação e uma forma de alterar um destino imposto pela sociedade moralizadora que se erigia nos padrões de uma época resultante de um acelerado processo de urbanização.

Os limites urbanos com seus olhos vigilantes impuseram costumes distintos e hábitos severos. As mulheres, guardadas zelosamente por pais, irmãos e maridos, mantidas intencionalmente na ignorância, não poderiam, senão por meio da educação, ter condições de comandar suas vidas e inserir-se no ainda limitado espaço público. Conscientes dos receios masculinos e também femininos, de que a mulher educada abandonasse a sagrada missão a ela destinada, enquanto mãe e esposa, e que o excesso de instrução interferisse na sua saúde e capacidade reprodutiva, apressaram-se as pioneiras feministas em declarar que a educação feminina só traria benefícios para a sociedade e "não haja temores vãos: a mulher ficará no lar, sempre que possa fazê-lo, porque é essa a sua tendência moral" (Costa, 1923, p.32).

O discurso feminista, veiculado por mulheres das classes dominantes, em constante contato com as ideias de militantes de outros países, caracterizou-se dentro dos princípios e dos conceitos da ideologia masculina. Como o confronto e o desafio somente levariam ao desgaste e ao maior rigor no exercício do poder masculino sobre as mulheres, o ato de persuadir e convencer era uma forma de luta e de resistência mais positivas.

Nos anos iniciais do século XX, o movimento feminista que eclodiu na América do Norte e na Europa, com repercussões na América Latina, encarregou-se de sepultar definitivamente a visão medieval da educação feminina como contaminadora da consciência e perigosa para a pureza do corpo e da alma das mulheres. Ao aliar-se ao discurso vigente sobre essa educação, em vez de nociva ser um inegável benefício para a sociedade e para a vida em família, o movimento, liderado por mulheres pertencentes a uma elite intelectual e econômica, revelou um raro sentido de argúcia e sensatez ao buscar a cooptação e o consentimento, como aconteceu, por exemplo, no Brasil e em Portugal, em vez da revolta declarada, como na Inglaterra e nos Estados Unidos.

Essas pioneiras só viam uma saída para romper com os mecanismos de subordinação feminina: a educação igual à dos homens e o direito de exercer uma profissão. Apesar disso, a educação e a profissionalização que acabaram por ser conquistadas, embora parcialmente porque restritas a determinadas profissões, revelaram-se como mais um mecanismo de opressão. À medida que a educação das mulheres possibilitou conservar nos lares, nas escolas e na sociedade a hegemonia masculina, esta foi uma faca de dois gumes: detentores do poder econômico e político, os homens apropriaram-se do controle educacional e passaram a ditar as regras e normatizações da instrução feminina e limitar seu ingresso em profissões por eles determinadas. O magistério de crianças era o espaço ideal onde poderiam exercer esse controle. Para viabilizar esse poder na educação escolar, elaboraram leis e decretos, criaram escolas e liceus femininos, compuseram seus currículos e programas, escreveram a maioria dos livros didáticos e manuais escolares, habilitaram-se para a cátedra das disciplinas consideradas *mais nobres* e segregaram as professoras a "guetos femininos" como Economia Doméstica e Culinária, Etiqueta, Desenho Artístico, Puericultura, Trabalhos Manuais, e assim por diante.

Disciplinada pelos homens, a educação das mulheres continuou um prolongamento da educação familiar e, enquanto estudavam, as jovens aguardavam o casamento – o que *realmente importava em suas vidas.* Deixaram de ser as procriadoras incultas para tornarem-se as futuras esposas educadas, conhecedoras das necessidades do marido e dos filhos, alicerces da moral e dos costumes, fiéis guardiãs do lar cristão e patriótico. Nesse ideário, para onde convergiam os mais variados interesses, uniram-se a sociedade e a Igreja Católica. Para as mulheres, romper com tais estruturas significava o degredo e a condenação social. Portanto, apesar de conceder-se às mulheres algumas parcelas do saber, tanto este como o poder não se distribuíram equitativamente, nem sequer significaram a liberação das mulheres. Apenas a sociedade humanizou-se ao consentir na sua instrução, embora atendendo aos interesses do segmento masculino.

Logicamente, isso estava restrito às mulheres das classes privilegiadas. Para as mulheres do povo, a ausência de instrução e o trabalho pela sobrevivência sempre foram uma dura realidade. O mesmo pode ser dito a respeito de raça e, para as mulheres negras, o estigma da escravidão perdurou por muito tempo, só lhes restando os trabalhos de nível inferior e a total ausência de instrução.

A concepção vigente para a educação feminina começou a dar sinais de mudança no Brasil, em particular no Estado de São Paulo, quando as necessidades da classe média e a situação econômica do país, por volta dos anos 20, principiavam a apresentar indícios de transformações que já demonstravam uma certa intencionalidade de se dar ocupação profissional às órfãs sem dote e às demais jovens que, por um motivo ou outro, precisassem lutar por seu sustento. As mulheres de classe elevada sempre poderiam garantir-se financeiramente por meio do casamento ou da fortuna familiar. Mas havia aquelas que, sem possibilidade de casar-se, tinham que depender da boa vontade de parentes ou amigos ou se resignar a um triste papel de governanta em casas ricas. Para essas mulheres, o magistério surgiu como a alternativa possível e a ocupação desse espaço profissional se deu quase sem transição.

Em estudo realizado sobre as representações femininas nas obras de Machado de Assis e Aluízio de Azevedo, Ana Maria Bandeira de M. Magaldi observa que "a profissionalização da mulher proveniente dos segmentos sociais médios e dominantes, representada principalmente pela função de professora, era, naquele contexto social, uma hipótese remota, apenas admitida como solução em um caso de extrema necessidade muito imperiosa e, mesmo assim, significando quase que uma vergonha para a mulher ou a família que a adotasse" (Magaldi, 1992, p.68).

O romance *O calvário de uma professora*, escrito sob o pseudônimo de Dora Lice e editado em 1928, é bastante elucidativo a esse respeito. A heroína Hermengarda, filha de um homem de posses que lhe dera uma educação esmerada para prepará-la adequadamente para a vida, sonha ingressar na carreira de medicina. Porém, com a falência do pai, ocorrida pela libertação dos escravos, o que lhe desorganizou a lavoura, a situação da família de Hermengarda piora a ponto de todos terem de trabalhar. Com a difícil situação apresentada, um amigo da família sugere que a jovem seja matriculada na Escola Normal e, mesmo revoltado com a ideia, o pai comunica à filha a sugestão do amigo e ouve da moça a indignada resposta:

> Nunca! Nunca serei professora pública! Uma pobre creatura, sempre humilhada, por tantos superiores hierarchicos – diretores, inspectores, secretario. Quero trabalhar sim, não porém como escrava! Quero trabalhar como um ser pensante, e não como essas in-

felizes creaturas, transformadas em verdadeiras machinas, movidas tão somente pela pesadíssima e complicada engrenagem denominada – Directoria Geral da Instrucção Publica. (Dora Lice, 1928, p.16)

Apesar disso, Hermengarda sucumbe às necessidades materiais e decide ser professora. O livro segue narrando uma série de desgraças acerca das mazelas da sua vida de mulher e da profissão escolhida, desde a perseguição por parte dos homens que dirigem o sistema educacional até a rejeição dos colonos da zona rural, onde foi primeiramente lecionar. A jovem professora demonstra sua revolta pela condição de desigualdade a que eram submetidas as mulheres em geral, a opressão dos homens e a negação do direito de votar, o que acaba tornando o romance uma espécie de libelo feminista, em que pesem algumas limitações a serem consideradas.

O que se pode depreender é que o propalado prestígio da profissão de professor ou professora no Brasil, pelo menos na época em questão, não passava de um mito. Numa sociedade em mudança, herdeira da recém-proclamada República e ainda atrelada às ideias monárquicas e escravistas que menosprezavam o trabalho manual e valorizavam o intelectual, certamente a profissionalização feminina não podia deixar de ser vista com uma certa desconfiança. Mesmo assim, a possibilidade de profissionalizar-se, via magistério primário, era um meio de as mulheres poderem vislumbrar uma chance de sustento sem a obrigação do casamento ou a humilhação de viver da caridade alheia. Como o cuidado com crianças não fugia à maternagem, o magistério representava a continuação de sua *missão*, nos moldes propostos pelos positivistas e higienistas no século XIX e de acordo com o imaginário social acerca do papel feminino.

Nos primeiros anos do século XX, algumas conquistas femininas permitiram às mulheres frequentar escolas, porém não as universidades; tinham a possibilidade de trabalhar no magistério, mesmo ganhando pouco, e possuíam um pouco mais de liberdade, embora severamente vigiada. O voto feminino era uma reivindicação ora concedida ora recusada às mulheres e isso passava-se no mundo todo. O acesso ao espaço público ainda seria, por um bom tempo, uma meta difícil de ser atingida e a profissionalização, em outras áreas que não o magistério ou a enfermagem, fazia-se muito restrita.

Os brados da minoria feminista dos dois lados do oceano sucumbiram à eclosão das guerras mundiais que fariam mais pela liberação feminina do que o dito movimento. O recrutamento de mão de obra feminina nos locais do conflito para preencher as necessidades da indústria e do comércio retirou as mulheres dos lares por estarem os homens ausentes nos campos de batalha, o que, inevitavelmente, acarretou mudanças nos costumes e nas mentalidades, redistribuindo-se parcialmente o poder.

As necessidades dos tempos de guerra trouxeram as mulheres ao espaço público e conseguiram superar alguns hábitos arraigados do último século, com consequentes transformações sociais. Na ausência dos homens, a sociedade civil deveria continuar subsistindo e as mulheres foram às fábricas, ao comércio, aos setores de produção. Dos anos de guerra na Europa, que afetaram todos os países do mundo ocidental, emergiu uma mulher mais independente e foram dados os primeiros passos na direção de uma real emancipação feminina.

Para as mulheres, educar-se e instruir-se, mais do que nunca, representaram a forma de quebrar os grilhões domésticos e conquistar uma parcela do espaço público. Para isso, procuraram, mediante o conhecimento e o trabalho, adequar-se às normas sociais e ao mundo novo que se descortinava e principiava a selecionar os mais preparados. Possuidoras de saberes domésticos e privados sobre o mundo dos homens, desejavam o saber público, mesmo derivado do saber masculino e referendado com seu selo oficial. Esse saber público tornava-se a via de acesso ao poder e era passível de confronto com os sistemas de desigualdade e de opressão.

A conquista do voto, luta que mobilizou as mulheres e que representou sua inserção no espaço público e nas estruturas de poder, veio na esteira da guerra em alguns países. Na Suécia, ò voto já havia sido conquistado em 1862; na Noruega, em 1913; na Dinamarca, em 1915; na Alemanha, em 1918; Holanda, Bélgica, Áustria, Luxemburgo, Polônia, Checoslováquia, Grécia, México,

Inglaterra, em 1919; e nos Estados Unidos, em 1924. Em Portugal, em 1931, somente para aquelas que tivessem curso superior ou secundário, entre outras exigências. No Brasil, a proposta de conceder o voto às mulheres tramitou no Congresso desde 1890, talvez inspirada na Proclamação da República e nos ideais igualitários advindos dos liberais republicanos. Porém, o movimento sufragista feminino só tomou forma por volta de 1910, num processo pacífico e ordeiro, principalmente pelo fato de suas líderes pertencerem às elites oligárquicas. Mesmo assim, puderam obter esse direito somente em 1932. Na França, o voto veio ainda mais tarde, apenas em 1945; na Itália, perseguidas pelo fascismo, as feministas só conseguiram ter suas reivindicações atendidas em 1946; e na Argentina, em 1950.

Os positivistas, apesar de defenderem a superioridade moral das mulheres, foram os que se insurgiram mais tenazmente contra o sufrágio, argumentando que uma incursão ao mundo da política poderia conspurcar sua alma e a sua pureza. Apesar da conquista do voto, a participação política feminina no Brasil continuou restrita a um pequeno grupo de mulheres educadas pertencentes a uma classe social superior. Sua educação continuou centrada em desenvolver aptidões domésticas e a profissionalização permaneceu relegada a plano secundário perante a importância do matrimônio e da criação dos filhos.

OS ESTUDOS DE GÊNERO E A HISTÓRIA

A utilização do gênero nas análises que abordam o temário feminino, apenas recentemente, em meados dos anos 70, passou a ser considerada cientificamente no meio acadêmico, estando explicitamente associada com os conceitos de raça e classe social. A necessidade de pensar o feminismo de uma perspectiva teórica motivou pesquisadoras a introduzir o conceito de gênero como categoria científica que explicita as relações sociais entre os sexos, o que, por sua vez, levou à elaboração de novos conceitos sobre as relações de poder.

Acredita-se que tal necessidade surgiu entre a militância feminista durante a ultrapassagem da adoção de modelos reivindicatórios dos primeiros movimentos que aconteceram em princípios do século e que se basearam, primeiramente, na aceitação da desigualdade e, depois, na sua eliminação. Atualmente, a nova geração feminista aceita a diferença entre os sexos e a considera uma construção social, adotando o termo *gênero* como comum aos dois sexos. Nessa perspectiva ressalta-se o paradigma da *igualdade na diferença* como uma das concepções mais avançadas do seu ponto de vista. Nesse paradigma a diferença é aceita, mas não é desculpa para desigualdades. Muito pelo contrário, significa um modelo de conduta pelo qual as peculiaridades entre os dois sexos são consideradas.

Na academia, o conceito foi introduzido com a crise dos paradigmas clássicos, que não conseguiam elaborar modelos explicativos mais flexíveis para analisar a situação específica da mulher como sujeito social e, portanto, sujeito histórico, e passou a ser utilizado com maior frequência nos estudos nesse campo.

Embora num sentido mais restrito o conceito de gênero refira-se aos estudos que têm a mulher como objeto; num sentido amplo este deve ser entendido como uma construção social, histórica e cultural, elaborada sobre as diferenças sexuais. Portanto, o conceito de gênero não se refere especificamente a um ou outro sexo, mas sobre as relações que são socialmente construídas entre eles. Essas relações estão imbricadas, por sua vez, com as relações de poder que revelam os conflitos e as contradições que marcam a sociedade.

Considera-se que as configurações de poder entre os gêneros, da mesma forma que os significados, as normatizações valorativas, as práticas e os símbolos, variam de acordo com as culturas, a religião, a economia, as classes sociais, as raças e os momentos históricos, formando redes de significações que se edificam e se relacionam integradamente e atuando em todos os âmbitos da vida cotidiana.

As desigualdades entre os gêneros, assim como as que envolvem idade, classes sociais e raças, e entre aqueles com opções sexuais diferenciadas, efetivam mecanismos de produção e reprodução da discriminação que adquirem concretude em todas as instâncias da vida social pública e privada: na profissão, no trabalho, no casamento, na descendência, no padrão de vida, na sexualidade, nos meios de comunicação e até nas ciências, envolvendo a História, a Sociologia, a Antropologia, a Política e a Economia. Portanto, a utilização do termo implica um não acatamento das diferenças assentadas simplesmente no aspecto biológico, conforme apregoavam os positivistas e higienistas, e demonstra, por parte da perspectiva teórica feminista, uma absoluta rejeição aos enfoques naturalistas, dado que, na análise das relações de desigualdades entre os sexos, a adoção de paradigmas naturalistas envolve a aceitação da categoria implícita de subordinação da mulher ao homem, baseada nas estruturas biológicas de cada indivíduo.

O pressuposto da inferioridade biológica e intelectual feminina levou o positivismo, no século XIX, a considerar natural o alicerçamento dos homens no poder, baseados na diferença natural entre os sexos. Essa diferença justificava a subordinação e a opressão feminina e seu alijamento da esfera pública, em que essas relações se ancoravam. Os sofismas positivistas respaldaram o movimento higienista quando os médicos sanitaristas decidiram –em nome do progresso e das necessidades profiláticas dos crescentes centros urbanos que se alicerçavam nas antigas colônias latino--americanas, no caso brasileiro, principalmente São Paulo e Rio de Janeiro – reservar à mulher a responsabilidade pela higiene doméstica e os cuidados com a saúde da prole:

> a educação feminina tornava-se um ponto chave para a medicina, pois através dela pretendia-se o aperfeiçoamento físico e moral da mulher, da mãe e das futuras gerações do país. A "nova mulher", submetida à tutela médica, além de se constituir num agente familiar da higiene social, tornava-se o baluarte da moral da sociedade. (Matos, 1995, p.4)

A herança desse período revelou-se extremamente eficaz e décadas transcorreram até que se conseguisse passar ao seu questionamento, embora não sua eliminação, já que as formulações higienistas continuaram encontrando respaldo em diversos setores sociais, entre o sexo masculino e mesmo entre as próprias mulheres, para seguir justificando as mais variadas formas de opressão feminina.

A adoção do modelo teórico positivista nos estudos sobre as mulheres, até há bem pouco tempo, consistiu simplesmente em examinar as semelhanças e diferenças em relação aos homens e nomear sua posição de desigualdade social e submissão ao modelo masculino, reivindicando para as mulheres as mesmas oportunidades dadas aos homens sem, entretanto, deixar de limitar e cercear os alcances dessa educação e desses direitos.

O atual pensamento feminista constata que a superação de um sistema de desigualdades não se alcança somente pelo fato de que o considerado inferior obtenha os direitos e ocupe as mesmas posições do superior. Numa ordem democrática não se eliminam os desequilíbrios e os mecanismos de dominação de forma tão simplificada, dado que direitos e privilégios para uns significam os "não direitos" e despossessão de outros, conforme demonstra o modelo de sociedade erigida em bases capitalistas.

A perspectiva feminista permite, por parte das mulheres, a apropriação de uma consciência crítica e política que as mobilize para levar à apreensão de que as desigualdades só serão superadas se forem abolidas as divisões sociais de gênero, assim como as de classe e raça, numa sociedade assentada sobre bases igualitárias. Tal premissa, de certa forma, adota uma visão socialista utópica se atentarmos, mesmo atualmente, para a realidade das relações entre os sexos, as classes sociais e as raças e da forma como se entrelaçam na vida diária, apesar de algumas indiscutíveis conquistas obtidas. Entretanto, essa é uma visão reconhecidamente correta e revela-se como a única alternativa possível para a superação dos desequilíbrios sociais. Mesmo assim, a superação simplesmente no plano político ou econômico não leva a mudanças substantivas na situação das chamadas minorias, entre elas as mulheres, se não houver também mudanças na microestrutura que perpassa cotidianamente as relações sociais e nas representações ideológicas acerca das diferenças.

Os estudos de gênero reconhecem a importância da vida cotidiana privada, a história das mentalidades e dos sentimentos humanos, as formulações derivadas do subjetivismo e que se mantêm nas entrelinhas da história. As fontes antes relegadas ao esquecimento emergem nas análises e são consideradas, como a vida privada e suas articulações com o espaço público, e reconhece-se que esse espaço não é somente feminino, nem a vida das mulheres nele se esgota.

O enfoque das relações de gênero nas esferas sociais sempre foi minimizado na medida em que as ciências sociais se omitiram em explicitá-las e, atualmente, sabe-se que somente o equipamento biológico natural não é passível de clarificar as diferenças existentes entre homens e mulheres. A crítica feminista atual não aceita a construção de relações de poder baseadas simplesmente no inatismo sexual e observa que a adoção do enfoque naturalista permite alijar do sujeito a sua condição de ser político-histórico e justificar os mecanismos de opressão e dominação, da mesma forma que as teorias totalitaristas justificaram e justificam as desigualdades baseadas em raça, crença religiosa e poderio econômico. Sendo o sexo determinado antes do nascimento por processos biológicos naturais, o gênero é um produto cultural adquirido e transmitido nas estruturas sociais. Portanto, a rejeição ao enfoque naturalista implica também a recusa em se aceitar as desiguais distribuições de poder dentro das sociedades edificadas pelos dois sexos, como muito bem explicita Maria de Jesús Izquierdo:

> *todas las formas de desigualdad social, las que se producen entre las mujeres y los varones, entre les blanques y les negres, entre les trabajadores y les empresaries, entre los países del centro y los de la periferia, se legitiman afirmando que obedecen a las distintas capacidades naturales entre los seres humanes de las que no es responsable nadie, ni nadie puede cambiar. Cuando la desigualdad social es innegable y lo que legitima a un cierto modelo de sociedad es un pretendido carácter utilitarista, el reduccionismo biológico es el último recurso ideológico que queda.* (1991, p.85)

A conduta sexista consiste em atribuir às diferenças anatômicas e fisiológicas de homens e mulheres correspondentes diversificações ou aptidões para o exercício de determinadas funções sociais e no mundo do trabalho, num prejulgamento do que é adequado para cada sexo. O processo de imputar para homens e mulheres determinismos sexuais biologicamente herdados implica a existência de uma ditadura de gênero para os dois sexos que, infalivelmente, leva à hierarquia do masculino sobre o feminino, numa escala axiológica na qual as fêmeas sempre saem perdendo, dado que as atividades masculinas sempre foram consideradas de primeira ordem e as femininas, de segundo escalão. Essa dupla (des)valorização conduz a diferentes implicações no mundo do trabalho, no espaço público, nas esferas do privado e nas instâncias do poder.

Obviamente, isso se dá em condições objetivas e não se levando em consideração, neste momento, a dimensão subjetiva existente nas relações entre os sexos, que também possui um peso significativo.

A articulação das dimensões objetivas e subjetivas introjeta um tipo de pensamento que acaba por traduzir-se em ações concretas e leva aos mecanismos de dominação e opressão, nos quais o denominado mais forte sobrepuja o chamado "mais fraco". Pode-se tomar como exemplo a pretensa superioridade da raça branca sobre a negra, ou da mulher branca sobre a mulher negra e sobre o homem negro; ou ainda do homem branco sobre as mulheres brancas e negras e do homem negro sobre a mulher negra. Ou, ainda, as desigualdades sociais e econômicas do rico sobre o pobre, do patrão sobre os empregados, e assim por diante, numa escala complexa e descendente, difícil de ser compreendida nessa teia complicada que entrecruza as relações humanas.

Os atuais estudos sobre a mulher, ao adotarem o enfoque do gênero, questionam e desafiam os aportes teóricos clássicos, encaminhando-se para a apropriação de abordagens que busquem desvendar o universo feminino e recuperar categorias de análise que também privilegiem a dimensão subjetiva. Afinal, essa é uma dimensão essencial a todos os seres humanos e negá-la é negar a própria humanidade de cada um.

O campo epistemológico em que perpassam as ciências humanas até agora foi omisso em relação à categoria representada pelo gênero, dado que o androcentrismo que permeia as construções teóricas das ciências sempre relegou os feitos femininos a um

MULHER E EDUCAÇÃO: A PAIXÃO PELO POSSÍVEL   45

plano praticamente inexistente. Ao se afirmar que essa área do saber não é restrita, nem marginal, e que os estudos de gênero abrangem, de um modo geral, toda a humanidade, é consenso entre as estudiosas do assunto que a adoção desse paradigma revela a disposição de não acatar o discurso da intransigência e da exclusão:

> Género não significa homem e mulher tal como nascem mas tal como se fazem com diferentes poderes, diferentes comportamentos, diferentes sentimentos até. Conceitos de género estruturam a percepção do mundo e de nós mesmos, organizam concreta e simbolicamente toda a sociedade. É assim que o género determina coisas tão diferentes como a estrutura do mercado de trabalho, o comportamento dos consumidores, a divisão da propriedade, etc. (Barbosa, 1989, p.79)

A neutralidade sexual assumida na produção acadêmica, ao indeferir o gênero como categoria de análise determinante para a compreensão do processo educativo e do trabalho docente, revela uma certa resistência em adotar teoricamente essa perspectiva. Só recentemente e graças aos trabalhos pioneiros de intelectuais e militantes feministas, os projetos que se utilizam dessa categoria têm explicitado uma intenção de se afirmar como área de estudos nos centros de pesquisas e nas universidades.

No campo da pesquisa histórica os estudos de gênero são ainda muito escassos. Embora a produção historiográfica, escrita principalmente por mulheres, tenha procurado nos últimos tempos contemplar as relações de gênero, nem sempre estas mereceram papel destacado nas investigações, o que pode ser explicado também pelo fato de o conceito ser recente e que a História, como disciplina antiga e elitista, sempre foi escrita por homens. Essa tendência principiou a dar mostras de reversibilidade quando o movimento feminista que eclodiu na década de 1970, liderado principalmente pelas norte-americanas na esteira dos protestos contra a guerra do Vietnã, assinalou um momento em que as mulheres se reconheceram como sujeitos históricos e como tal passaram a ser tanto objeto de estudos como pesquisadoras do tema. A área viu surgir uma geração de investigadoras preocupadas com esse campo de estudos ao denunciar estereótipos sexistas no mer-

46 JANE SOARES DE ALMEIDA

cado de trabalho, na sociedade de classes, na educação, na família, na participação política.[2] Isso para citar apenas algumas das pesquisadoras brasileiras, já que a lista é extensa.

O procedimento de se redescobrir o passado e tirar da obscuridade histórias de mulheres célebres e pioneiras do feminismo tornou-se uma fonte recorrente de pesquisa. Buscou-se certamente a (re)construção de uma identidade feminina e recorreu-se a modelos, exemplos, memória, obras literárias... Afinal, as mulheres, caladas durante tanto tempo, descobriram que detinham um passado histórico e sobre isso tinham muito a dizer. Mostraram uma história construída no espaço privado e na longa duração, pelas ações pontuais e rotineiras que perpassam a vida cotidiana e da qual extraíram formulações capazes de romper com a invisibilidade a que estiveram por longo tempo submetidas. Com isso foi possível desvendar uma história de resistência e submissão, de aceitação e negação dos papéis sexuais, de pioneirismo e modernidade. Uma história que aflorou dos objetos guardados em caixas de papelão, baús de enxovais e arcas de madeira: os papéis que contavam de nascimentos e mortes, as cartas de noivos, maridos e filhos nas guerras em lugares distantes, listas de tarefas domésticas, diários que registravam fatos corriqueiros ou somente sonhos femininos, cardápios de jantares, escritos irregulares com caligrafias infantis em cadernos escolares dos filhos, cartões, diários íntimos; enfim, um sem-número de pequenas coisas representativas do tempo que se viveu, da vida que se levou e de todo um universo feminino aprisionado entre a poeira dos objetos guardados... Infelizmente, as pesquisadoras do universo feminino também comprovaram que, por uma compreensível necessidade de manter sua intimidade ao abrigo de indiscrições, pois para isso sempre foram preparadas, essas mulheres costumavam, muitas vezes, proceder a uma espécie de purificação e eliminação dos traços de sua existência, lançando literalmente ao fogo os tesouros amarelecidos guardados ao longo dos anos, numa maneira estoica de ocultar sua vida. Michelle Perrot explicita lindamente esses atos:

---

2 De acordo com estudos realizados para a Fundação Carlos Chagas, por Costa & Bruschini, 1992, p.92.

queimar seus papéis é uma purificação pelo fogo dessa atenção consigo própria no limiar do sacrilégio. Esse gigantesco auto-de-fé foi o destino que se deu à maioria dos escritos privados de mulheres, ao mesmo tempo que aos arquivos familiares preservados pela longevidade dessas mulheres... A imagem das mulheres ateando fogo aos seus cadernos íntimos ou a suas cartas de amor no final de suas vidas sugere a dificuldade feminina de existir de outro modo que no instante fugaz da palavra e, por consequência, a dificuldade de recuperar uma memória que não deixou rastros. (1987, p.9)

Assim, muitos legados foram destruídos pelas mesmas mãos que os preservaram. Enquanto a história oficial preservou os arquivos e, através deles, os feitos masculinos, as mulheres eliminaram os seus... Além da destruição pelo fogo ou simplesmente pela eliminação dos escritos por uma questão de recato, existe o fato concreto e bem menos romântico do grande número de mulheres mantidas na ignorância e no analfabetismo. Ou então, mesmo que soubessem escrever, como fazê-lo na ausência de tempo e espaço próprio?

Reside aí a grande dificuldade de se escrever sobre mulheres. Essas dificuldades levaram as pesquisadoras do universo feminino a uma redefinição do campo da historiografia que implicou, especificamente, criticar os aportes teóricos, as metodologias e a periodização tradicionalmente empregadas. A crítica possibilitou constatar a necessidade de se inserir novos elementos teórico-metodológicos que até então tinham passado despercebidos na construção de uma narrativa histórica feminina. Nessa perspectiva teórico-metodológica emergente, a investigação sobre mulheres intentou desprender-se das categorias analíticas preconcebidas e universalizantes dos estudos realizados do ponto de vista masculino e iniciou-se a procura da *mulher*, das suas reais condições de vida, de sua experiência e de sua história. Surgiram novas estratégias de investigação fixadas não mais no desenvolvimento, na produção, nas políticas estatais, mas sim na liberação, na igualdade e nas formas de superação das desigualdades, na busca de uma identidade feminina perdida "nos tempos" em que as mulheres não possuíam história...

As pesquisas direcionaram-se para as abordagens qualitativas, para a ênfase nas fontes orais, nas entrevistas abertas, nas técnicas etnográficas, na observação participativa, nos escritos e testemunhos deixados por mulheres, nas obras literárias, no ato de lembrar. Buscaram recuperar uma história desenrolada no espaço doméstico, nas relações de poder no âmbito privado, na vida de significâncias cotidianas e, dessa forma, descortinar o sujeito histórico encoberto pelo passado. Essas investigações possibilitaram entrever a emergência de novos paradigmas de análise e as escolhas profissionais e pessoais das mulheres deixaram de ser enfocadas apenas como decorrentes da situação concreta das esferas produtivas e passaram a ser vistas também como opções determinadas pela vida em si, pelos sentimentos que ela libera e pelas relações subjetivas que, além das objetivas, perpassam o cotidiano dos seres humanos e nele imprimem sua marca.

Na adoção desses paradigmas foi possível recuperar valores que até então se achavam encobertos ou, deliberadamente, esquecidos pela história tradicional. Verificou-se que, do ponto de vista das mulheres, família, trabalho e profissão são elementos inseparáveis; matrimônio e filhos são importantes motivações pessoais e se constituem sérios obstáculos para estas inserirem-se no mercado de trabalho e fazer parte da população economicamente ativa. Essas dificuldades não se situam apenas no nível das relações de produção, mas estão intrinsecamente ligadas com a realidade cotidiana das escolhas afetivas que se fazem ao longo da existência. Concluiu-se que a educação exerce papel determinante nas relações sociais, familiares, trabalhistas e entre os sexos, acarretando modificações nas mulheres e no seu modo de vida.

De acordo com algumas historiadoras, os estudos de gênero também afetaram as questões da escravidão e da raça em geral, com o surgimento de trabalhos sobre mulheres negras e as relações de subordinação que essa duplicidade acarreta. Aranguren (1991, p.104) cita as obras *Natural Rebels – a Social History of Enslaved Black Woman in Barbados*, de Hilary McD. Beckles; *Slave Woman in the New World*, de Marietta Morrisey; *The Black Woman Cross-Culturally*, de Kenneth Bilbey e Filomina Chioma Steady, e *Slave Woman in Caribbean Society, 1650/1838*, de Barbara Bush.

Em que pese a significativa contribuição do feminismo e das pesquisadoras da área, a historiografia ainda é escassa em relação aos estudos de gênero, o que se acentua ainda mais quando se trata da educação. O clássico artigo de Joan Scott, "Gênero: uma categoria útil de análise histórica", considera que o conceito, ao ser utilizado pelas feministas e historiadoras norte-americanas, indica:

> uma rejeição ao determinismo biológico implícito no uso de termos como "sexo" ou "diferença sexual"... Aquelas que estavam preocupadas pelo fato de que a produção de estudos femininos se centrava sobre as mulheres de maneira demasiado estreita e separada, utilizaram o termo "gênero" para introduzir uma noção relacional em nosso vocabulário de análise. Segundo essa opinião, as mulheres e os homens eram definidos em termos recíprocos e nenhuma compreensão de um deles podia ser alcançada por um estudo separado. (1990, p.5)

A possibilidade de integração das mulheres à história demonstra que estas influenciaram os acontecimentos e tomaram parte na vida pública nos diversos períodos e à medida que isso lhes foi possível, dentro das condições concretas existentes. Demonstra também que o sujeito histórico não é universal ou assexuado, nem há categorias de análise que deem conta da complexidade da vida como um todo. A abordagem de gênero evidencia que homens e mulheres só podem ser analisados se identificados uns em relação aos outros e sublinhadas as diferenças entre si, o que significa a ultrapassagem das diferenciações puramente naturalizantes e simplificadas para ir de encontro à apropriação de uma identidade especificamente masculina ou feminina.

María Dolores Ramos, ao analisar a busca da legitimidade acadêmica dos estudos de gênero e a forma como estes vêm se desenvolvendo na construção da história feminina, estabelece algumas categorias de análise sobre as relações de gênero e classe social, utilizando-se das mesmas premissas de Joan Scott e demonstrando que o sistema de gêneros constrói-se segundo paradigmas religiosos, filosóficos, legais e políticos que definem as categorias sociais e culturais atribuídas a homens e mulheres, na medida em que a educação, as relações familiares e de trabalho incidem na interiorização e reprodução dos papéis sexuais (Ramos, 1993, p.71).

Nas pesquisas atuais que envolvem a mulher como sujeito histórico, há investigadoras preocupadas com a inserção do gênero, como categoria de análise, em trabalhos acadêmicos. Enquanto outros países têm dado uma significativa relevância ao paradigma emergente e interdisciplinar de gênero, principalmente Estados Unidos, Espanha, França e Inglaterra, no Brasil, apesar do crescimento da área ter promovido avanços, ainda resta muito por fazer.

A relação entre Gênero e História constitui-se uma categoria de análise que se impõe na revisão da História oficial e da História da humanidade. Habitado e construído por homens e mulheres, o mundo não pertence a um só sexo, o que equivale dizer que sua história também não é unilateral. O mesmo aplica-se à educação, campo de atuação que, apesar de contar com maioria feminina, continua sendo analisado da óptica do sujeito universal, como o vem demonstrando a maioria das investigações na área, o que revela um possível constrangimento em se adotar essa baliza epistemológica. Só recentemente e graças aos trabalhos pioneiros de intelectuais e militantes, os estudos de gênero têm revelado uma intenção de se afirmar como campo de estudo nos centros de pesquisa e nas universidades. Mesmo assim, tais estudos enfocam, prioritariamente, análises sociológicas, políticas e econômicas, violência, sexualidade, família e saúde, entre outros.

A área da Educação e da História da Educação, até finais da década de 1980, raramente deram relevância ao tema, como o demonstra o catálogo do INEP (Instituto Nacional de Estudos e Pesquisas Educacionais) de 1987, com resumos das publicações sobre educação nos últimos vinte anos no Brasil. Do total dos 311 resumos publicados nos três volumes, 55 são de autoria masculina, 26 referem-se a publicações de órgãos oficiais e universidades, sem menção aos autores, e 230 produções são de autoria feminina, portanto, mais de dois terços do total. Um único artigo que trata da "feminização da profissão de professor", intitulado "O papel do professor na sociedade moderna", de Maria Cristina S. S. Campos, aparece indicado como publicação da *Revista de Educação Brasileira*, em 1983 (INEP, 1987, p.587).

A escassa produção acadêmica encontrada nessas publicações que abrangem todo o território nacional confirma que, no Brasil, a mulher costuma ser ignorada enquanto sujeito histórico importante na educação e que o movimento feminista pode ter tido repercussões em algumas áreas como saúde, violência e sexualidade, porém ainda não atingiu a educação e sua história no cenário brasileiro, exceção feita à revista *Cadernos de Pesquisa*, da Fundação Carlos Chagas, e que nos últimos anos tem se destacado com inúmeras publicações sobre a mulher, com ênfase também na educação.

A dificuldade de as mulheres terem acesso à educação e sua ausência nas instâncias de poder que decidem seus rumos talvez expliquem a sua exclusão da História da Educação. Uma ausência imposta e preconceituosa, derivada da dicotomia público e privado que sempre permeou a vida cotidiana feminina. O mundo privado e sua rotina do lavar, passar, cozinhar e cuidar de crianças não exige conhecimentos especializados e, muito menos, instrução. Porém, o mundo público, que necessita de saberes políticos e econômicos para o gerenciamento de recursos, exige conhecimento e instrução que são oferecidos, preferencialmente, para seus principais atores, os homens. Estes, por sua vez, tradicionalmente transmissores da cultura e do registro histórico, sempre veicularam seus valores e suas concepções, e destes, o sexo feminino, sistematicamente, tem sido excluído.

A MEMÓRIA DAS MULHERES E AS HISTÓRIAS DE VIDA

A linguagem oral, usada pelo narrador e captada pelo entrevistador na prática de ouvir depoimentos representados por lembranças recuperadas pela memória, tem sido uma das escolhas metodológicas da História Oral e Social e vem privilegiando um lado subjetivo e afetivo do ser humano que é o desejo de contar histórias, de dar depoimentos sobre sua vida, de relembrar o passado e os anos vividos como se, por esse procedimento, o tempo passado pudesse, de alguma forma, novamente estar presente. Ecléa Bosi, em *Memória e sociedade*: lembranças de velhos, vale-

-se de uma psicologia da memória como fenomenologia da lembrança, observando que

> o passado conserva-se e, além de conservar-se, atua no presente, mas não de forma homogênea. De um lado, o corpo guarda esquemas de comportamento de que se vale muitas vezes automaticamente na sua ação sobre as coisas: trata-se da memória-hábito, memória dos mecanismos motores. De outro lado, ocorrem lembranças independentes de quaisquer hábitos: lembranças isoladas, singulares, que constituiriam autênticas ressurreições do passado. (1983, p.11)

E, para Maurice Halbwachs:

> nossas lembranças permanecem coletivas, elas nos são lembradas pelos outros, mesmo que se trate de acontecimentos nos quais só nós estivemos envolvidos, e com objetos que só nós vimos. É porque, em realidade, nunca estamos sós. Não é necessário que outros homens estejam lá, que se distingam materialmente de nós: porque temos sempre conosco e em nós uma quantidade de pessoas que não se confundem. (1990, p.26)

Esses são apenas alguns princípios que disciplinam o historiador quando este quer recorrer às fontes orais. Observa-se que na fala e na escuta existe sempre uma relação entre dois personagens, no mínimo: *o que fala e o que ouve, ou o que narra e o que escuta*, possibilitando duas vertentes interpretativas que se unirão na análise final e que seguem os mesmos princípios da interpretação do discurso escrito, acrescidos da extrema subjetividade que é o ato de dialogar com o outro quando este narra sua vida e suas experiências. Se o narrador participa como ator, o ouvinte é o *psicanalista* que procura interpretar a narração e descobrir no *descolamento das camadas* da memória o sentido e o significado daquilo que está sendo ou foi narrado. Pode-se definir o narrador como o sujeito histórico que está rememorando o passado, e o interlocutor ou ouvinte, por sua vez, é o sujeito histórico vivendo no tempo presente e o interpretando de acordo com o momento que vive, com a vida que desfruta e até com o que sente em relação a essa vida e ao tema com o qual se envolve. Há, por isso, uma extrema subjetividade e uma forte carga emocional quando se trabalha com memória. A junção dessas dimensões interpretativas desemboca numa *hermenêutica da fala e da escuta*, buscando a apreensão do sentido e do significado do discurso, ouvindo não só a voz, mas também as pausas, os gestos, o corpo, o brilho do olhar, os silêncios e as lágrimas...

É nesse terreno da memória que se sustentam categorias como *paixão*, *prazer*, *desejo*, *esforço*, *vontade*, *fé*, *resistência*, *coragem* e muitas outras que se entrelaçam na complexidade da existência humana. Ao mesmo tempo, a memória, fruto da subjetividade de cada um, dos sonhos almejados e perdidos que se arquivam nos sótãos empoeirados de uma longa existência, possibilita desvios e interpretações equivocadas dependendo da vida que se viveu e do êxito ou malogro das experiências e,

> integrados em nossa geração, vivendo experiências que enriquecem a vida madura, dia virá em que as pessoas que pensam como nós irão se ausentando, até que poucos, bem poucos, ficarão para testemunhar nosso estilo de vida e pensamento. Os jovens nos olharão com estranheza, curiosidade; nossos valores mais caros lhes parecerão dissonantes e eles encontrarão em nós aquele olhar desgarrado com que, às vezes, os velhos olham sem ver, buscando amparo em coisas distantes e ausentes. (Bosi, 1983, p.33)

Talvez nessa necessidade humana de deixar traços de sua existência e por ter-se consciência da sua transitoriedade resida o prazer de falar do que se viveu e experienciou e, dessa forma, deixar registros da própria vida. As mulheres, política, econômica, social e culturalmente marginalizadas ao longo da história, vivendo nas sombras do mundo doméstico e na penumbra social, contando confidências, trocando receitas, falando em murmúrios nos séculos de submissão a que estiveram sujeitas enquanto teciam o fio do tapete da existência, são elas as grandes conhecedoras da arte de perpetuar a vida através da oralidade. E melhor do que ninguém transitam no território da resistência e da subjetividade. Para elas, a memória é o legado herdado através das gerações, a possibilidade da perpetuação das experiências vividas, a narrativa dos tempos feita do seu ponto de vista, da sua maneira de olhar o mundo e a vida.

Uma das características de que se reveste o ato de lembrar é a sua *seletividade e atemporalidade*. Na primeira, ao reconceituar o passado a partir do momento em que se vive, as lembranças são, muitas vezes, *contaminadas* por uma visão romanceada desse mesmo passado, que tem a qualidade de tornar-se cada vez melhor e mais otimista por obra da melancolia suscitada pela evocação de outros tempos de juventude e crença. As lembranças, mesmo as dolorosas, se convenientemente apuradas no passar dos anos, doem menos do que no presente. Fatos corriqueiros ganham notoriedade e importância, decisões tomadas ao acaso são maximizadas, os erros são minimizados e revelam situações compreensíveis e detectáveis aos olhos do pesquisador atento. *A atemporalidade* significa que os acontecimentos nem sempre seguem uma lógica predeterminada e, na entropia dos fatos, surgem retalhos de coerência que nem sempre estão cronologicamente ordenados. A emoção dificilmente deixa de surgir na fala e esta última representa apenas uma pequena amostra do que vai no íntimo do narrador. Há, no entanto, que se estar atento não somente às ditas armadilhas da memória e sua carga de emotividade e subjetividade, como também a todo simbolismo que a impregna e acaba por levar o historiador da oralidade ao campo da psicanálise na sua interpretação subjetiva dos fatos.

O simbolismo detectado nos relatos da memória pode acentuar nas lembranças aquilo que se deseja inconscientemente que elas tenham sido, e não aquilo que realmente foram; pode lapidar atitudes, pensamentos e paixões dando-lhes o aureolamento de atos nobres ou heroicos, assim como estabelecer como atingidas metas que nem sequer foram cogitadas.

Para Paul Thompson, há diferenças quando se enquadra o gênero na memória. Os homens têm uma tendência em falar da vida como *sua*, sendo os sujeitos de suas ações. Em contraposição, as mulheres utilizam verbalizações típicas, calcadas sobre as relações sociais ao incluir nas suas histórias de vida pedaços das histórias de outras pessoas, usando mais frequentemente o *nós*. Para as mulheres, são importantes as relações afetivas e humanas representadas por aquilo que elas construíram com os outros, o companheiro, os filhos, enquanto o homem centra-se nas sua realizações individuais. Thompson se refere àquilo que ele chama de *processo terapêutico original mediante a liberação da memória*, em que pelo fato de saber-se possuidor de algo que interessa ao outro (o pesquisador), o depoente (a pessoa idosa) introjeta um sentimento de importância e renovação, de finalidade, de algo por esperar. A liberação da memória pode possibilitar a emergência de sentimentos poderosos funcionando como uma descarga emocional para alguém que há tempos não é mais ouvido. Falar sobre o passado significa rememorar alegrias, sucessos ou fracassos, perdas, dores, rancores mal resolvidos que adquirem nova significação no momento presente. Sempre é gratificante relembrar o que se foi e o que se realizou, apesar da carga de pesares que qualquer existência relativamente longa acumula (Thompson, 1992, p.204).

Para o pesquisador que se utiliza das fontes orais, o importante é ouvir o bom senso e fazer prevalecer o respeito e a atenção, assumindo deliberadamente uma postura metodológica que não pressupõe a tão propalada neutralidade acadêmica e científica por ser impossível não envolver-se naquilo que escuta e com aquele que conta. Assim, poderá reconhecer nesse contar esparsos pedaços da história e compartilhar experiências, estabelecendo com o narrador um sentimento de solidariedade e tendo o cuidado de evitar as *derrapagens psicologizantes*. O importante é perceber o entrevistado como indivíduo, resultado da síntese das relações sociais em que está envolvido, encaminhando as reflexões para o mundo dos valores vividos e experienciados onde o ser humano constrói e partilha a experiência. Esta, por sua vez, também modifica o comportamento humano no sentido individual, coletivo e estrutural na medida em que insere no seu cotidiano as transformações decorrentes do seu uso.

A EDUCAÇÃO ESCOLARIZADA FEMININA E O MAGISTÉRIO

A educação das meninas, apenas a partir do século XIX, foi confiada a colégios particulares e, no Brasil, sempre foi vista com descaso pelas famílias, pela sociedade e pelo poder público. Nas casas mais abastadas as jovens recebiam de professores particulares algumas noções elementares, mas dedicavam-se sobretudo às prendas domésticas e à aprendizagem de boas maneiras. Mesmo essas moças privilegiadas tinham reduzido acesso à leitura, pouco ou nada sabiam de história ou geografia, possuíam vagas noções de literatura e cálculo, dedicavam-se mais à aprendizagem de uma língua, de preferência o francês, vivendo nos limitados horizontes domésticos, aguardando o casamento que deveria ser sua suprema aspiração e para o qual eram preparadas por toda a vida.

Na época da implantação do regime republicano, do total das mulheres, quase dois terços eram analfabetas, embora o mesmo acontecesse com a população em geral. Ao mesmo tempo, principiaram-se os debates sobre a coeducação e, em 1880, na inauguração da terceira Escola Normal na província de São Paulo, introduziram-se as aulas mistas. Ganharam força os movimentos pelo aprimoramento da educação das mulheres, na esteira da criação, no eixo Rio de Janeiro-São Paulo e em Porto Alegre, das escolas norte-americanas protestantes e das ideias republicanas e positivistas que passaram a impregnar de forma renovadora as mentes ilustradas do país. Acrescente-se a isso o liberalismo e seus postulados referentes à individualidade e igualdade entre as pessoas, que não poderiam deixar de incluir o sexo feminino, para compor um quadro social que principiava a modificar-se.

Num período em que o acesso das mulheres ao ensino ainda continuava extremamente precário, algumas vozes masculinas provenientes de setores intelectualizados principiaram a levantar-se em defesa de sua instrução, considerada essencial para a formação da boa esposa e da boa mãe. Os positivistas defenderam tenazmente essa ideia proposta por Augusto Comte, mas a necessidade de educação para as meninas, como forma de educar os homens, não foi *privilégio* dos positivistas. Essa ideia já havia sido veiculada desde o século XVIII no meio intelectual português, quando, em 1750, António Nunes Ribeiro Sanches, em obra intitulada *Cartas sobre a educação da mocidade*, havia colocado o tema, embora com uma certa brevidade, a respeito da educação feminina:

será impossível introduzir-se a boa educação na Fidalguia Portugueza em quanto não houver hum Collegio, ou Recolhimento, quero diser huma Escola com clauzura para se educarem ali as meninas Fidalgas desde a mais tenra idade; porque por ultimo as Maens, e o sexo femenino são os primeyros Mestres do nosso; todas as primeyras ideas que temos, provem da criação que temos das mays, amas, e ayas; e se estas forem bem educadas nos conhecimentos da verdadeyra Religião, da vida civil, e das nossas obrigaçoens, reduzindo todo o ensino destas meninas Fidalgas à Geographia, à Historia sagrada e profana, e ao trabalho de maos senhoril, que se emprega no risco, bordar, pintar, e estofar, não perderiao tanto tempo em ler novellas amorozas...[3]

A herança recebida de Portugal acerca da educação feminina teve suas origens num quadro ancestral herdado pela mentalidade brasileira desde a Colônia. Mesmo após sua emancipação da Metrópole, o Brasil ainda continuou veiculando seus pressupostos, aliando-se a essa mentalidade rígida, moralizadora e tradicional. A atenção sobre o tema, embora se fizesse sempre presente, o era de uma forma que deixava explícito ser a educação necessária para as mulheres, tendo em vista, primeiramente, a educação dos homens, e deveria ser uma educação ministrada no lar, no recesso do universo doméstico. Quando se tratou de discutir a atuação feminina na educação escolarizada através do magistério, esses pressupostos também fizeram-se presentes, embora estendessem a visão da *missão* e do *sacerdócio* também para os homens que se dedicavam ao ensino das primeiras letras.

Além das escolas de instrução básica para as meninas, deveria também haver uma saída para a profissionalização feminina, representada por um trabalho que não atentasse contra as represen-

---

3 António Nunes Ribeiro Sanches, de acordo com o doutor Maximiniano Lemos, que prefaciou uma edição do livro feita pela Universidade de Coimbra em 1922, escreveu essa obra sob forma manuscrita dirigida ao monsenhor Salema. O livro foi impresso em Paris com uma tiragem de apenas cinquenta exemplares. Ribeiro Sanches referia-se a uma educação feminina organizada de forma que as mulheres não pudessem corromper o ânimo de filhos, irmãos e maridos, pelo fato de ficarem na ociosidade. Como as conversas sérias, segundo o autor, não deveriam ser dirigidas às senhoras, estas "ficariam por toda a vida meninas no modo de pensar. E seriam elas que deveriam ser os mestres dos homens, daqueles destinados a servir os reis" (Sanches, 1922, p.189).

tações acerca de sua domesticidade e maternidade. O magistério inseria-se perfeitamente bem nessa categoria, pelo menos era assim que rezava o discurso oficial da época.

Durante décadas, o magistério primário havia sido desempenhado somente por homens e havia muitos professores lecionando nas escolas normais para moças e para rapazes. A primeira Escola Normal em São Paulo, criada pela Lei n.34 de 16 de março de 1846, foi destinada apenas ao sexo masculino, tendo sido instalada numa sala de um edifício na Praça da Sé. Não possuía regimento interno e apresentava relatório à Inspetoria Geral da Instrução Pública, à qual estava submetida. Era uma escola de um único professor, que acumulava também a função de diretor e acompanhava a turma de alunos até o final do curso.

Em 1846, a escola contava com 19 alunos matriculados, um número que se manteve mais ou menos constante até 1886, com uma média de diplomados de dois por ano, o que perfaz 40 professores formados em vinte anos de existência. No ano seguinte, pela Lei n.5 de 16 de fevereiro de 1847, foi criada uma Escola Normal Feminina no Seminário das Educandas, conhecido na época por "Seminário do Acú". Organizada nos mesmos moldes da escola masculina, funcionava com curso de dois anos e possuía um programa restrito composto por Gramática Portuguesa, Aritmética, Doutrina Cristã, Francês e Música.

A escola funcionou menos de dez anos e foi suprimida pela Lei n.31 de 7 de maio de 1856. Em 1874, a Lei n.9 de 22 de março do mesmo ano, criou novamente a Escola Normal, que passou a funcionar no ano seguinte e possuía tanto a seção masculina como a feminina. A primeira funcionava no período da tarde nas salas do extinto Curso Anexo da Academia e, a segunda, no Seminário da Glória, ambas com cursos de dois anos e que também foram fechadas em 1878 por falta de verbas e novamente reativados em 1880, passando a funcionar na Rua da Boa Morte até sua mudança para a Praça da República em 1894, funcionando por três anos. Nesse período há informações de professoras lecionando no curso preparatório anexo à Escola Normal, assim como as estatísticas da época mostram uma maioria feminina nas matrículas no período de 1880 a 1883 (1.259 alunas e 1.176 alunos). Dos formandos no período de 1881 a 1893, os rapazes eram em número de 269 e apenas 238 eram moças, mostrando que estas procuravam o curso em maior número, porém nem todas se formavam.

A partir de 1894, a Escola Normal passou a funcionar em quatro anos e continuou matriculando alunos de ambos os sexos. Embora as mulheres não ocupassem cargos de chefia, podiam ser professoras, como D. Felicidade P. de Macedo, professora de caligrafia e desenho; D. Maria A. Moratti, professora de ginástica, e D. Rosina Nogueira Soares, de trabalhos manuais (Almeida, 1991). Há que se observar que se na última década do Império a educação não obteve grandes progressos na província de São Paulo e as propostas de sua implantação ou organização não foram além de debates parlamentares que não apresentaram resultados concretos. O ensino primário ainda demoraria algum tempo para organizar-se, notadamente no interior paulista, e somente a República recém-implantada iria dar os primeiros passos para instituir um ritmo oficial e universal à educação:

> A escola primária graduada, compreendendo a classificação homogênea dos alunos, várias salas de aula e vários professores, é uma invenção recente na história da educação brasileira. Esta modalidade de escola primária, denominada *Grupo Escolar*, foi implantada, pela primeira vez no país, em 1893, no Estado de São Paulo e representou uma das mais importantes inovações educacionais ocorridas no final do século passado. Tratava-se de um modelo de organização do ensino elementar mais racionalizado e padronizado com vistas a atender um grande número de crianças, portanto, uma escola adequada à escolarização em massa e às necessidade da universalização da educação popular. Ao implantá-lo, políticos, intelectuais e educadores paulistas almejavam modernizar a educação e elevar o país ao patamar dos países mais desenvolvidos. (Souza, 1998, p.20)

A reforma efetuada por Caetano de Campos em 1890, então diretor da Escola Normal, ao transformar em Escola-Modelo a escola preliminar anexa à Escola Normal, designou duas mulheres para cargos mais destacados no ensino, D. Maria Guilhermina Loureiro de Andrade, encarregada, a princípio, da parte administrativa e da organização da Escola-Modelo, e a norte-americana *miss* Marcia Brown, que tomou a seu encargo a parte técnica e prática e, posteriormente, assumiu a sua direção em 1892. Por essa época, *miss* Marcia Brown era também responsável pela administração da Escola Normal do Mackenzie College (1886), que antes funcionava como *training school* desde 1875 e, a pedido, vai auxiliar Caetano de Campos na reforma do ensino primário e normal em São Paulo no ano de 1890. Na Escola Normal do Mackenzie College era praticado o regime da coeducação nos moldes das escolas protestantes americanas, o que despertou, aliás, o antagonismo da Igreja Católica. Outro ponto a considerar é que, durante o Império, e na elaboração da Constituição de 1824, a Igreja perdeu alguma parcela do seu poder temporal perante o Estado, em razão da desintegração do sistema escolar implantado durante o período em que a Companhia de Jesus ditava as regras educacionais na Colônia. Com a expulsão dos jesuítas, em fins dos setecentos, o sistema, além de precário, permaneceu estagnado até quando os protestantes aqui aportaram em meados dos oitocentos. Embora não tenha deixado de haver alguns conflitos, as elites dirigentes – que contavam com liberais, maçons e positivistas, desejosos de uma república que equiparasse o país à Europa e aos Estados Unidos, imbuídos de ideias de independência e repúdio ao monarquismo – receberam os protestantes e abraçaram as novas concepções de vida e de sociedade que estes traziam do norte, além de conquistas no campo da agricultura e da organização educacional, e ofereceram alguma proteção através de um sistema jurídico tolerante que propunha a proibição da coerção e perseguição religiosa.

Caetano de Campos, intelectual reformista, convencido das ideias liberais da sua época, não faria grandes diferenciações na formação dos futuros mestres no tocante a cada sexo, porém colocava-se a favor de uma educação secundária feminina que promovesse o desenvolvimento intelectual da futura mãe de família. Em relatório apresentado em 1º de março de 1891, referia-se a uma mulher "capaz de formar uma raça excepcionalmente preparada para um futuro grandioso" (Anuário..., 1907-1908, p.115).

O número de diplomados aumentou e continuou apresentando maioria masculina e, no período de 1894 a 1908, formaram-se 154 alunas e 394 alunos. Após esse período, cresceram as matrículas femininas na Escola Normal e o número de formandas ultrapassou o de formandos. Quando a seção feminina da Escola Normal foi inaugurada em São Paulo, no Seminário da Glória, era, primeiramente, destinada às órfãs sem dote e às jovens de poucos recursos que precisavam trabalhar para sobreviver, dada a possibilidade remota de um bom casamento. O casamento que, no século XIX, se apoiava em bases econômicas e no qual a mulher era usada como objeto de troca, no século XX incorpora a ideia da união amorosa entre duas pessoas, porém a pobreza da mulher continua sendo um empecilho se atentarmos para os romances da virada do século. A pesquisa realizada por Magaldi[4] revela alguns aspectos bastante antagônicos da profissão exercida pelas mulheres no magistério, veiculados pelos romances de Machado de Assis e Aluízio de Azevedo, que permitiram observar que:

> a profissionalização da mulher proveniente dos segmentos sociais médios e dominantes, representada principalmente pela função de professora, era, naquele contexto social, uma hipótese remota, apenas admitida como solução em um caso de extrema necessidade muito imperiosa e, mesmo assim, significando quase que uma vergonha para a mulher ou a família que a adotasse. (Magaldi, p.68)

Para as mulheres das classes médias e dominantes, casar-se era a forma, respectivamente, de ascender na escala social ou manter a mesma posição em caso de infortúnio, mesmo que não amassem o futuro marido. Se o casamento fosse difícil de conse-

---

4 O estudo de Magaldi (1992), ao analisar os romances desses dois escritores que versam principalmente sobre o cotidiano do Rio de Janeiro da virada do século onde se consolidava lentamente uma ordem burguesa – na qual a união amorosa era incentivada principalmente para atender aos preceitos higiênicos que buscavam neutralizar a figura da prostituta, assim como o cuidado com os filhos numa sociedade que tentava se edificar segundo padrões internacionais –, descobre papéis femininos estreitamente relacionados com os modelos higienistas e com o projeto social modernizador que se pretendia implantar. Nessa sociedade moderna, o trabalho feminino era visto com desagrado e considerado nocivo à saúde da mulher. Assim, o casamento com um homem de posses era a sua salvação.

guir, precisavam, essas moças, para não serem um peso para a sociedade ou terem de viver da caridade alheia, obter um meio de sobrevivência proporcionado por uma profissão digna, de acordo com o ideal feminino e que não atentasse contra os costumes herdados dos portugueses de manter a mulher no espaço doméstico e no cuidado com as crianças. O exercício do magistério representava um prolongamento das funções maternas e instruir e educar crianças era considerado aceitável para as mulheres: "à época, o trabalho mais atraente à mulher de classe média letrada ... ser professora, na opinião de grande parte da sociedade, era ter a profissão ideal da mulher, que possuía uma moral mais elevada que o homem, é mais delicada e indulgente com as crianças, além de doce, carinhosa, sentimental e paciente" (Araújo, 1993a, p.79).

A Escola Normal em São Paulo foi a primeira instituição a formar professores e professoras no Estado e funcionava precariamente, abrindo e fechando suas portas de acordo com os interesses políticos e com os raros investimentos em educação. Apesar de ter sido, a princípio, destinada ao público masculino, conforme já foi assinalado, a Escola Normal supriu uma necessidade e um desejo femininos e surgiu como a primeira via de acesso das mulheres à instrução pública escolarizada e que possibilitava o exercício de uma profissão.

A entrada das mulheres nas escolas normais e a feminização do magistério primário foi um fenômeno que aconteceu rapidamente e, em pouco tempo, eram elas a grande maioria nesse nível de ensino. Porém, a instituição era frágil e propedêutica, e, em São Paulo, por volta de 1890, após a Proclamação da República e com a reforma efetivada por Caetano de Campos foi que a escola normal estabeleceu-se mais seriamente no sistema escolar e principiou a se desenvolver e adquirir um determinado prestígio. Mesmo assim, a concepção implícita na frequência das escolas normais pelas mulheres, e na educação feminina de um modo geral, continuava atrelada aos princípios veiculados de ela ser necessária não para seu aperfeiçoamento ou satisfação, mas para ser a esposa agradável e a mãe dedicada. Isso também legitimava sua exclusão de outros níveis de ensino e justificava currículos que privilegiavam prendas domésticas em detrimento de outras disciplinas. A esse respeito, homens e mulheres concordavam, embora houvesse algumas divergências e um certo consenso quanto à necessidade da mulher instruir-se e educar-se, desde que mantida dentro de certos limites que não representassem risco às normatizações sociais vigentes.

A FEMINIZAÇÃO DO MAGISTÉRIO: ALGUNS MITOS E AS POSSÍVEIS VERDADES

Os estudos de Apple (1988, p.15) sobre o magistério feminino mostram a prática docente como um "processo de trabalho articulado às mudanças, ao longo do tempo, na divisão sexual do trabalho e nas relações patriarcais e de classe". Essas relações possibilitam que o trabalho docente, exercido por homens e por mulheres, na lógica capitalista, sofra um processo de desqualificação que não é diferente das outras ocupações profissionais, notadamente se estas estiverem voltadas para as obras sociais, como temos visto acontecer. Quando qualquer profissão está direcionada para o atendimento da população de baixa renda, o sistema capitalista consegue levá-la a perder sua qualificação profissional e seu poder aquisitivo. As profissões voltadas para as elites e para o sistema produtivo e tecnológico sempre se encontram plenamente qualificadas, prestigiadas e bem remuneradas.

O trabalho feminino, historicamente, tem sofrido pressões e tentativas de controle ideológico e econômico por parte do elemento masculino e das instâncias sociais, como o têm apontado os pesquisadores e, principalmente, pesquisadoras de vários países. O trabalho *docente* feminino, além do processo regulador impingido pelo sistema capitalista, também encontra-se atrelado a esse modelo de normatização exigido pelas regras masculinas e é acentuado pelo controle que o sistema social pretende exercer sobre as mulheres, nesses mesmos planos. Além disso, não há como negar que os setores ocupacionais com os menores salários são e sempre foram ocupados por mulheres, nos mais diversos países.

Ao longo dos séculos, a opressão exercida sobre as mulheres fez que o trabalho por elas desempenhado fosse considerado também inferior, instituindo um binômio perverso: *a seres inferiores, trabalho inferior*. A construção ideológica do trabalho feminino, baseada nessa pretensa inferioridade, tem sido alvo de questionamentos por parte das mulheres que sempre se posicionaram contra o controle da sua autonomia profissional, apesar do atributo de passividade que constantemente lhes tem sido impingido.

A feminização do magistério primário no Brasil aconteceu num momento em que o campo educacional se expandia em termos quantitativos. A mão de obra feminina na educação principiou a revelar-se necessária, tendo em vista, entre outras causas, os impedimentos morais dos professores educarem as meninas e a recusa à coeducação dos sexos, liderada pelo catolicismo conservador. Com a possibilidade das mulheres poderem ensinar produziu-se uma grande demanda pela profissão de professora. Aliando-se a essa demanda, o discurso ideológico construiu uma série de argumentações que alocavam às mulheres um melhor desempenho profissional na educação, derivado do fato de a docência estar ligada às ideias de domesticidade e maternidade. Essa ideologia teve o poder de reforçar os estereótipos e a segregação sexual a que as mulheres estiveram submetidas socialmente ao longo de décadas, por entender-se que cuidar de crianças e educar era missão feminina e o magistério revelar-se seu lugar por excelência.

As relações patriarcais e econômicas que vinham reestruturando a sociedade em final do século XIX e nas primeiras décadas do século XX tiveram grande importância no processo de feminização da profissão, mas não tiveram menor importância as lutas que as mulheres promoveram pelo direito de exercer o magistério e ter acesso à educação e à instrução, assim como a oportunidade no campo profissional.

A inserção profissional das mulheres no magistério não foi aceita tranquilamente pelos homens que exerciam a profissão porque isso significava a perda de um espaço profissional. Pensar que o processo de feminização do magistério foi resolvido pacificamente e instalou-se como uma concessão feita às mulheres revela-se um equívoco por adotar uma visão que considera um aspecto apenas parcial do fenômeno. Ao não apreender as complexidades sociais das quais esse processo foi portador e ignorar que isso fez que houvesse uma transformação da profissão ao longo dos tempos, qualquer análise sobre a educação escolarizada que aborde a questão profissional e da prática docente corre sérios riscos de partir de bases pouco consistentes.

Sobre a feminização do magistério primário nos Estados Unidos e na Inglaterra, Apple (1988) também se refere a duas dimensões sobre as quais se encontra estruturado o trabalho feminino de um modo geral: uma *vertical*, em que as mulheres, como grupo, estão em desvantagem com os homens em relação às condições sob as quais trabalham; outra *horizontal*, em que estas se concentram em locais específicos de trabalho, como por exemplo o magistério. Apple (1988) observa que na Inglaterra, em 1870, para cada cem professores, havia 99 professoras; em 1930, a cada cem professores, correspondiam 366 professoras, num rápido processo de feminização. Nos Estados Unidos, em 1870 elas eram 60% do professorado e, em 1930, 89,5%.

Os resultados obtidos por Apple permitem considerar que, na passagem progressiva de trabalho masculino a trabalho feminino, as condições econômicas e as de gênero são determinantes e no processo de desvalorização do magistério, as inserções de classe social por certo transcendem a questão simplesmente sexual e englobam os dois sexos.

Na primeira metade do século XX, o magistério primário no Brasil sofreu um processo de feminização tanto na frequência das Escolas Normais pelas moças como pela ocupação do magistério pelas mulheres. Isso, em parte, pode ser explicado pelo crescimento da escolaridade obrigatória, dado que as mulheres –, que até o século XIX somente tiveram acesso à educação religiosa ministrada nos conventos, pela lei de 5 de outubro de 1827 –, adquiriram o direito à educação, pelo menos em tese.

O repúdio à coeducação liderado pela Igreja Católica e a necessidade de professoras para reger classes femininas possibilitaram a abertura de um espaço profissional para as mulheres no ensino. A urgência de dar um melhor preparo técnico profissional aos professores de uma escola elementar que se expandia introduziu as Escolas Normais, inicialmente oferecidas somente aos homens mas que, rapidamente, foram ocupadas pelo sexo feminino.

Portanto, a feminização do magistério no Brasil pode ser considerada já devidamente alicerçada desde o século passado, e quando a República aconteceu, esse fenômeno era um fato consolidado e só veio a aumentar significativamente nas décadas seguintes.

Atente-se que os ideais republicanos preconizavam um povo instruído e, na década de 1930, o escolanovismo dirigia os rumos educacionais. A crença no poder da educação para o crescimento do país repercutiu diretamente na política educacional e na criação de mais escolas. A esse aumento e a essa demanda correspondeu uma visão ideológica que atribuía às mulheres o papel de regeneradoras morais da sociedade, o que se faria principalmente pela sua inserção no campo educacional.

A ocupação do magistério pelas mulheres deu-se efetivamente pelo aumento do número de vagas e, segundo alguns historiadores, pelo abandono dos homens desse campo profissional. A retirada dos homens em busca de outros empregos mais bem remunerados teria permitido que seus lugares fossem ocupados pelas mulheres, e alguns autores, aliás, arriscam a hipótese de que era desonroso e até humilhante para os homens exercer essa profissão.

Não resta dúvida de que o segmento masculino abandonou o magistério ao longo das décadas, principalmente no ensino primário, senão este não estaria hoje quase totalmente ocupado pelas mulheres; essa é uma constatação baseada em números. O que deve ser esclarecido é se as causas da feminização não serão ainda mais complexas do que apenas o aumento quantitativo de vagas no magistério e a saída dos homens, que considero apenas uma parte da explicação e não toda ela.

Qualquer profissão, assim como a sociedade na qual está inserida, passa por processos de transformação ao longo dos anos e é influenciada pelas estruturas econômicas, culturais e políticas. A transformação histórica do magistério também esteve ligada às alterações nas relações patriarcais que, há algum tempo, vinham reestruturando a sociedade nas primeiras décadas do novo século. Isso deve ser considerado nas análises sobre a profissão, nas quais classe e gênero exercem papel preponderante e, atualmente, também o conceito de raça.

A professora que atua no ensino primário hoje é muito diferente daquela de quase um século atrás e ignorar essa transformação na profissão, assim como as ideologias que nela estão implicadas, pode produzir um tipo de resultado em conflito com a realidade. Também é verdade que, partir de falsos pressupostos sobre a inserção das mulheres no magistério pode produzir efeitos danosos nas análises decorrentes, desvirtuar a compreensão e atribuir ao trabalho docente feminino elementos desqualificativos. Minimizar a atuação das professoras, como sujeito histórico, com seus comportamentos de transgressão e resistência aos padrões impostos possibilita a emergência, nos estudos atuais, de um complexo de "vitimização" feminina que em muito tem colaborado para desmerecer a profissão e as próprias mulheres.

Cabem, assim, algumas indagações: por que teriam os homens se retirado do magistério se os salários por eles recebidos eram maiores do que os das mulheres durante algum tempo? Por que saíram da profissão, se detinham cargos de chefia e, consequentemente, tinham poder? Por que se afastaram de uma profissão que, segundo eles próprios, tinha notoriedade e prestígio?

Quando o magistério era uma ocupação ocasional que tomava menos tempo, podendo ser exercido conjuntamente com outras profissões, como médicos, advogados, engenheiros, jornalistas, clérigos, e outras,[5] representava um meio a mais para quem queria obter notoriedade e ampliar os ganhos, sem deixar de exercer sua ocupação principal. A profissão de professor propiciava uma certa visibilidade política e social que parecia ser cara aos homens e, com ela, poderiam exercer poder e influir nas esferas políticas. A esse respeito, Apple (1988, p.18) observa que, nos Estados Unidos e na Inglaterra, isso ocorreu a partir do momento em que as exigências para lecionar tornaram-se maiores, com o requisito de licenciaturas, certificados, diplomas e, também, quando os períodos letivos alongaram-se, a população escolar aumentou e

---

5 No caso brasileiro, Caetano de Campos, que introduziu a reforma na Escola Normal e instituiu as Escolas-Modelo em 1890, era médico. Rangel Pestana, que deu notáveis contribuições à educação e criou escolas progressistas no final do século XIX, era jornalista e político.

68   JANE SOARES DE ALMEIDA

passou a haver um maior controle sobre o ensino, fazendo que os homens começassem então a se afastar das escolas.

O fato de as mulheres ocuparem cada vez mais espaços na profissão, somado às formulações ideológicas que as consideravam mais capazes, pela industrialização e pela urbanização estarem ampliando o mercado de trabalho masculino, oferecendo inclusive ocupações vedadas às mulheres e, possivelmente, mais bem remuneradas, deve também ter contribuído para o afastamento masculino, além do propalado desprestígio da profissão e da má remuneração salarial.

No Brasil, as autoridades do ensino voltaram-se para as mulheres por considerarem que elas preenchiam as condições profissionais exigidas para uma escola pública que se expandia e se alicerçava no país, resultado dos ideais esculpidos nos moldes da democratização do ensino. Além da atenção do poder público e das políticas educacionais que pretendiam reservar às mulheres essa fatia do mercado de trabalho, também houve, de parte destas, um movimento em direção à profissionalização e uma consequente ocupação desse espaço, resultante de sua capacidade de reivindicar. Talvez fossem reivindicações brandas, bem no estilo brasileiro de ser, sem grandes embates e confrontos, porém impulsionaram as mulheres ao mundo do trabalho e à inserção no espaço público, o que representou o início de mudanças para a condição feminina no país. Em que pese essa brandura dos costumes femininos brasileiros, as mulheres posicionaram-se com firmeza a respeito de questões básicas para seu sexo – educação, instrução e profissão – e isso ficou evidente nos discursos das pioneiras.

A ideologia feminista, centrada num grupo de mulheres de melhor extrato social, tinha desse grupo uma imagem própria que, embora preocupada com o destino da sociedade, concentrava em si o poder de renovação dessa mesma sociedade que oprimia e subordinava seu sexo em todas as camadas sociais. Sua principal força motivadora estava na crença de um suposto poder que poderiam conseguir por meio da instrução. Esse poder possibilitaria a apropriação de maiores direitos públicos e privados e libertaria o sexo feminino da subordinação e da opressão. As mu-

MULHER E EDUCAÇÃO: A PAIXÃO PELO POSSÍVEL   69

lheres, paradoxalmente, também não quiseram desprender-se de uma outra esfera de poder, aquela que era de seu domínio, ou seja, sua capacidade reprodutiva e de controle do espaço privado.

A reprodução da espécie e a responsabilidade pelo cuidado com as gerações futuras concentravam-se nas mãos femininas e isso era uma esfera de poder. Renegar essa capacidade e todo o potencial de que se revestia, ao insurgir-se contra os atributos maternais, era estabelecer a sua negação como seres femininos aquinhoados pela natureza com o dom de conceber e dar à luz.

O magistério primário trazia em si esses dois determinantes: dava espaço para a inserção no mundo público e no trabalho assalariado e, como mulheres, não precisavam renunciar ao poder da reprodução da espécie que, por sua vez, só era viável socialmente com o sacramento do matrimônio. Dessa forma, viabilizavam um cruzamento entre o público e o privado dentro das condições concretas apresentadas na época. Nesse plano simbólico, talvez possa ter-se a explicação da grande popularidade do magistério entre as mulheres e, no plano objetivo, a sua condição representada pela única opção possível para elas dentro do contexto social do período.

A aceitação dos atributos de vocação e missão sagrada tinha sua justificativa e essa imagética revestia-se de concretude na vida dessas mulheres, pois a incorporação de atributos maternais à profissão servia, assim, ao poder oficial, à profissão em si e às próprias mulheres, que se viam duplamente beneficiadas, podendo ser mães e ser professoras, com aceitação e autorização social e sob as bênçãos da religião católica. Por isso, questionar a ideologia da profissão seria questionar seu próprio ser e sua própria aspiração e força motivadora do grupo feminino que se reconhecia nessa interpretação, tornando-se agentes e cúmplices de um desejo e de uma força para seu trabalho.

O discurso educacional brasileiro foi unânime em afirmar a melhor disposição das mulheres para exercer o magistério e isso foi bastante veiculado pela ideologia no período e através da imprensa periódica educacional e feminina. Se esse discurso correspondeu a uma necessidade política e social ao alocar as mulheres na força de trabalho educativa, o momento histórico também era propício a essa inserção. E, se a economia capitalista industrial demandava a criação de novos empregos a serem preenchidos pela população masculina, é certo que a ocupação do magistério pelo sexo feminino deveu-se também às lutas que as mulheres tiveram de enfrentar para conseguir introduzir-se no campo do trabalho remunerado e, em outras palavras, alcançar a liberdade, a autonomia e uma certa independência financeira.

Não se pode negar que a abertura do mercado de trabalho para as mulheres e as alterações no regime patriarcal não se deram sem reivindicações. Estas transpareceram na estruturação social principalmente por intermédio da imprensa feminina e educacional do período e nas sucessivas mudanças de costumes e mentalidades acerca do trabalho feminino, que vinham na esteira do novo século, para uma sociedade que precisava, por sua vez, de novos atores sociais para o seu desenvolvimento.

As lutas femininas intentaram conseguir vitórias significativas, mas o novo estatuto social feminino no magistério fez também emergir mecanismos de controle e discriminação contra as mulheres e enraizar as ideologias de domesticidade e maternagem, ao transferi-las para uma profissão que deixava de ser masculina. Como contrapartida, essa ideologia foi usada pelo segmento feminino como um elemento de resistência. Ao acatar esse discurso e concordar com suas formulações, nada mais fizeram do que desimpedir o caminho para sua rápida inserção profissional, o que se revelou como o primeiro passo dado em direção a uma inserção no mercado de trabalho:

> sobre a entrada das mulheres na escola primária pública, não se pretende esquecer a forma como o ensino representou para as mulheres que a ele se dedicaram não só uma forma de sobrevivência econômica, mas também a realização das suas aspirações à independência, à expressão pessoal e a uma oportunidade de influenciar a comunidade em que viviam e trabalhavam. (Araújo, 1991, p.140)

Na realidade, uma boa parte das reivindicações femininas feitas através da imprensa era em relação ao seu próprio bem-estar na profissão e nas exigências por educação para as meninas. Na defesa da coeducação, as professoras viram a possibilidade de ampliar o seu espaço profissional e garantir um trabalho assalariado, fator importante para sua emancipação econômica. O magistério possibilitava uma inserção social mais ativa e as mulheres poderiam exercer maior influência sendo professoras, havendo também a possibilidade de promover mudanças sociais, políticas e espirituais e veicular valores como uma maior igualdade social e sexual, a tolerância e a diminuição dos preconceitos, assim como a conversão religiosa entre os alunos e seus pais.

Apple, ao referir-se aos escritos deixados por algumas professoras públicas, demonstra que, do ponto de vista das mulheres, a continuidade entre maternidade e magistério, tão apregoada pelo discurso ideológico e religioso, era muito menos significativa do que a remuneração que esperavam receber e o trabalho que realizavam.[6] O ensino era uma alternativa ao casamento ou a ocupações consideradas de menor prestígio, como as de costureiras, modistas, parteiras, governantas, profissões normalmente reservadas às mulheres de poucos recursos. Era uma atividade mais agradável e possibilitava a aquisição de cultura e uma certa liberdade pessoal.

Entretanto, o maior motivo de as mulheres terem buscado o magistério estava no fato de realmente precisarem trabalhar! Quando o caso não era o da sobrevivência, e estes deviam ser raros, procuraram na profissão uma realização social que a posição invisível ou subalterna no mundo doméstico lhes vedava, submetidas que estavam à sombra masculina todo-poderosa que ali também exercia seu poder.

Não resta dúvida de que ser professora possuía maior prestígio do que ser governanta, parteira ou costureira, e, mesmo a profissão não sendo bem remunerada, pagava melhor em relação às demais que costumavam estar reservadas às mulheres. Além disso, permitia sair desacompanhada para ir lecionar e possibilitava adquirir conhecimentos, além das prendas domésticas como era o

---

6 De acordo com Apple (1988, p.19), "a questão do casamento, tão alegada pelos educadores masculinos, emerge em histórias de algumas, a ele relutantemente pressionadas pelas respectivas famílias temerosas de que ficassem solteironas dependentes, e não nos relatos das professoras sobre sua própria atração ou ansiedade em se casar".

usual. Enfim, significava uma chance de igualar-se aos homens em termos culturais.

Apesar do discurso masculino, o casamento nem sempre era a suprema aspiração feminina, sendo muitas vezes preterido em relação ao trabalho remunerado. Frequentemente, o casamento era imposto às jovens mais por pressão familiar e social do que como um desejo individual, e podia ser sinônimo de servidão e inutilidade. Os tão divulgados matrimônios de moças jovens e pobres com homens velhos e ricos certamente deveriam ser um motivo de sofrimento ou humilhação para elas, conforme contam inúmeros romances da época acerca desses enlaces abominados pelas mulheres e impostos pelos pais desejosos de assegurar o futuro financeiro das filhas. A intolerância social para com a mulher solteira, em nome da moral cristã e para assegurar a descendência, levava as jovens ao casamento como anteparo da família. O magistério significou uma ruptura com esse estado de coisas ao permitir que as professoras vivessem com dignidade sem submeter-se às imposições sociais.

Os atributos de casamento, domesticidade e maternidade continuaram sendo um aval para o exercício do magistério pelas mulheres segundo a visão masculina (*e também, algumas feministas*), vinda de setores sociais, políticos e oficiais que ditavam as normatizações vigentes no período. A concepção de maternidade e a ênfase em ser da natureza feminina cuidar de crianças permitiram, indiretamente, o trânsito das mulheres do espaço doméstico para o público. Entretanto, a feminização do magistério não se deu sem uma certa resistência por parte dos segmentos masculinos e foram acirrados os debates acerca da coeducação, impulsionados principalmente pela Igreja Católica e pelos segmentos conservadores da oligarquia paulistana, que se posicionaram contrários ao ensino igual para ambos os sexos. Apesar disso, as professoras, paulatinamente, galgaram os degraus do ensino elementar, depois alcançaram o nível secundário e, finalmente, chegaram às universidades.

Portanto, quando se atribui a desvalorização profissional do magistério somente ao ingresso das mulheres na profissão, incorre-se num falso argumento. Em estudo sobre o processo de feminização do magistério em Portugal em princípios do século, Araújo observa que acatar essa concepção

> seria esquecer o baixo estatuto atribuído a quem exercia o ensino das primeiras letras, no período anterior à entrada crescente das mulheres na escola pública de massas. Não só o professor é alvo da troça pública e representado de forma ridícula, como é obrigado a acumular o ensino com outras actividades (agricultor, lenhador, guarda-livros). Quando durante a República se desenvolve, com maior intensidade, o discurso sobre a dignidade da profissão docente e a imagem do professor como sacerdote, como árbitro, como dinamizador das comunidades distantes e aquele que vai levar a luz da instrução aos lugares mais isolados do país, as mulheres professoras já são 52% e, em 1926, constituem mais de 66% da força de trabalho docente. Em segundo lugar, afirmar que existiria uma relação de causa e efeito entre a entrada das mulheres e a perda de estatuto da profissão de ensino seria reducionista porque perderia a articulação complexa entre a intervenção do Estado, as condições culturais e ideológicas nas quais se dá essa intervenção, incluindo as ideias do que conta como "feminilidade" e como "trabalho próprio de mulheres", assim como a noção dos condicionamentos sociais e ideológicos exercendo-se sobre o trabalho feminino fora da esfera doméstica. (1991, p.128)

Não há como sustentar a questão da desvalorização profissional de categoria docente apenas em razão da sua feminização. Na realidade, a imprensa brasileira publicada nas primeiras décadas do século mostra que a categoria nunca foi valorizada ou bem remunerada em toda a sua história. Acredito que a razão é mais propriamente sociológica e econômica do que de diferenciação sexual. O baixo estatuto da carreira docente no ensino primário e na escola pública tem suas raízes mais na divisão classista da sociedade do que, propriamente, na sua feminização. É fato notório no sistema urbano, industrial e capitalista que as profissões ligadas à população de baixa renda têm sucumbido rapidamente à perda de seu poder aquisitivo, do prestígio e do poder político. Tal constatação deve levar a repensar os estudos sobre o ensino primário e sobre o magistério de uma forma geral. A adoção desse ponto de vista, que não é o foco principal deste trabalho, deixa aberta mais uma possibilidade de investigações no campo da educação escolarizada, assim como pode permitir novos olhares sobre o trabalho feminino e as questões de gênero.

A feminização do magistério no Brasil pode ter tido várias causas, que vão das mudanças dos ideais burgueses no período, aliando-se a novas concepções sobre o trabalho remunerado exercido pelas mulheres, acrescidas de uma ideologia que pregava a liberdade, a autonomia, a independência econômica para os homens e a submissão e subordinação das mulheres. As mudanças sociais que a industrialização e a urbanização crescentes estavam favorecendo, a emergência do movimento feminista e suas reivindicações por direitos políticos, educacionais e profissionais levaram as mulheres a vislumbrar no magistério um espaço profissional que se adequasse ao que delas se esperava em termos sociais e àquilo de que realmente precisavam para ir ao encontro de um futuro com mais independência e menos opressão.

As ambiguidades desse desejo feminino se expressaram nos conflitos levantados entre o trabalho e a feminilidade. Este último atributo sempre impedira o acesso das mulheres a qualquer profissão assalariada, dado que só eram considerados aceitáveis o trabalho filantrópico e o envolvimento voluntário com as obras caritativas para as mulheres de elite. Enquanto o trabalho para a mulher do povo sempre foi aceito e estas podiam desfrutar uma certa liberdade, para as mulheres das classes mais elevadas era uma questão de princípios... *para os homens*.

O magistério podia ser considerado a profissão ideal, até mais do que a enfermagem, outra profissão bem aceita para as mulheres. As demais profissões que fugissem aos padrões ditos femininos ofereciam tenaz resistência à sua entrada, sob os mais variados argumentos, desde o risco de prejuízo à sua saúde e à dos futuros filhos, a desagregação da família e as consequências para a sociedade e para a pátria. Quanto aos homens, estes sentiam-se espoliados de seus direitos e até mesmo impedidos de casarem-se por causa das mulheres que lhes usurpavam os empregos e lhes roubavam a oportunidade de constituir família. Argumentos semelhantes eram usados para impedir o acesso das mulheres aos cursos superiores. Mesmo assim, muitas formaram-se médicas, dentistas, engenheiras e advogadas. Porém, se conseguiram exercer sem problemas a profissão, é uma interrogação que permanece.

Considerando-se, atualmente, definitiva a feminização do magistério, outros questionamentos se impõem: a entrada maciça das mulheres na profissão mudou a escola como instituição? Introduziu mudanças no sistema escolar e na escola pública? Trouxe alterações para a educação feminina e para seu papel social? Modificou a constituição da família e ocasionou transformações sociais?

Tudo leva a crer que sim, e muito! Porque, conforme já foi dito, logo depois de terem ocupado em definitivo o magistério primário, as mulheres conseguiram acesso ao secundário e puderam frequentar as universidades, e, paulatinamente, foram dirigindo-se para outras profissões.

O magistério primário representou o ponto de partida e o que foi possível no momento histórico vivido. E foi *paixão*, no sentido do *desejo*, do *esforço*, de *aproveitar a oportunidade* e conseguir uma inserção no espaço público e no mundo do trabalho. Após isso, alguns direitos posteriores podem ser associados à conquista do magistério pelas mulheres, como a educação feminina, a coeducação, uma certa independência econômica e pessoal, o voto, a licença maternidade e outros.

Qualquer conquista exige lutas. Muitas líderes feministas, escritoras e jornalistas que colaboravam com a imprensa feminina e educacional eram também professoras. O trabalho que exerciam talvez deva ter-lhes desvendado mais claramente a opressão e a dominação, bem como as formas como estas se desenvolviam nas relações entre os sexos, do que para as mulheres que permaneciam confinadas no mundo doméstico. A inserção no espaço público, via trabalho remunerado, ao promover o distanciamento do espaço privado, permitiu um novo olhar sobre o doméstico e sobre as relações de submissão e opressão. Esse primeiro reconhecimento provocaria, por si só, uma ruptura nas relações de poder consolidadas dentro do lar.

As primeiras mulheres a reivindicarem esse espaço profissional nele perceberam a oportunidade de exercer algum poder e sair do limbo onde transitavam há séculos. Estas não mais se aceita-

vam como seres quase invisíveis espreitando pelas frestas e esguei-
rando-se pelas portas das vivendas coloniais, como relataram os
viajantes estrangeiros no Brasil, ou confinadas no lar português,
de onde saíam em poucas ocasiões. Mesmo acatando, consciente-
mente ou não, os estereótipos da domesticidade e da maternidade
na profissão, vislumbraram a possibilidade de romper com as amarras masculinas. O confronto representaria um risco alto demais,
aceitar era mais seguro e, assim, passo a passo, lentamente, conseguiram a totalidade no magistério.

As reivindicações não foram somente econômicas e emanci-
patórias, foram também culturais e sociais. Quando as mulheres
posicionaram-se contra o abandono da infância e contra a prostituição, reivindicaram maior instrução para o sexo feminino, mais
acesso à cultura livresca, desenvolveram práticas docentes, metodologias de trabalho pedagógico, escreveram livros escolares e
libelos sobre a condição feminina, defenderam seu trabalho contra
intromissões externas, além dos jornais e revistas que fundaram,
dirigiram e mantiveram por longos anos, apesar das dificuldades.

Após a conquista do magistério pelas classes médias e altas,
seria a vez das classes trabalhadoras. A implicação desse conceito
demanda um outro tipo de estudo no âmbito da educação, da sociologia e da política educacional, que não está contemplado neste livro. Alguns já foram, até mesmo, objeto de estudos de outros
pesquisadores.[7] A feminização do magistério trouxe também a
feminização do curso de formação, ou vice-versa, não se podendo
afirmar o que começou primeiro. Mesmo assim, as mulheres que se
formavam professoras, dependendo da situação econômica que
possuíam, eram impedidas de ensinar pelos pais e maridos, neces-
sitando até mesmo da autorização do cônjuge para matricularem-
-se na Escola Normal. Apple relata que nos Estados Unidos, no ano
de 1930, dos 1.500 sistemas escolares do país, 77% se recusavam
a aceitar professoras casadas e, em 63% deles, eram demitidas se
porventura casassem, o que podia ocorrer também nas universidades. Em 1932, o governo federal baixou uma lei que determinava

---

7 Os trabalhos de Pereira (1963) e Saffioti (1976) oferecem subsídios para o estudo do magistério feminino e classe social.

que se um casal trabalhasse para o governo, um deles deveria sair do emprego, o que foi invariavelmente aplicado às mulheres (Apple, 1988, p.21).

A análise da voz e do pensamento das professoras que chegaram até nós pela imprensa educacional e feminina permitiu conclusões que poderão derrubar alguns mitos pertencentes à esfera das mentalidades e das representações, e comumente aceitos sobre o magistério feminino:

- O mito da *desvalorização do magistério* ocasionada pela entrada das mulheres nesse campo de trabalho.
- O mito de que o magistério era uma profissão bem remunerada que conferia estatuto social e excelente remuneração.
- O mito de que a feminização só ocorreu porque os homens se retiraram do magistério e seu exercício foi uma concessão às mulheres.
- O mito da passividade da professora primária.
- O mito do sentimento de vitimização da professora decorrente da condição feminina.
- O mito de que o salário feminino recebido no magistério era destinado a pequenos gastos e pouco significava para a família.

A história do magistério primário feminino brasileiro é, principalmente, uma história de mulheres, de uma força invisível que lutou consciente e espontaneamente em defesa de suas crenças e de sua vontade. Às vezes, acatavam as ideologias patriarcais, outras vezes as questionavam como uma forma de resistência, mas, todas elas, tanto no Brasil como em outros países do mundo ocidental capitalista, mantiveram-se coerentes com seus princípios e seus valores durante todo o tempo. Em momento algum deixaram de lado sua preocupação com a infância, com a família, ou deixaram de manifestar seu repúdio à violência e a todas as formas de exploração e opressão. Foram coerentes em desejar mais instrução, maiores conhecimentos e a preservação da unidade familiar. Isso aumentou seu poder, fosse pela radicalização de umas, fosse pela persistência de outras. O trabalho que desenvolveram no magistério fez parte de um movimento muito maior na educação e na sociedade, por desafiar os preconceitos do patriarcado e da existência feminina num meio eminentemente masculino. Atitudes que levaram a questionamentos da própria condição feminina e dos papéis sexuais desempenhados por homens e mulheres e do trabalho realizado por professores e professoras.

Pensar no magistério sem pensar no feminino é hoje inviável. Ao contrário do que muitos afirmam, a feminização do magistério foi um potencial de poder e de liberação e não de submissão e desvalorização como se tem pretendido fazer acreditar. Os papéis atribuídos às professoras, derivados da sua condição de mulheres, assim como a desvalorização e a "vitimização" decorrentes da incorporação desses atributos nas representações sobre as professoras primárias na profissão têm sido também responsáveis pela atual situação do ensino, imediatamente depois das condições objetivas determinadas pelos baixos salários e investimentos reduzidos na educação.

A força da ideologia e dos paradigmas científicos não pode ser nunca minimizada, assim como as questões concretas que surgem no desenvolvimento de uma profissão. As representações ideológicas inseridas no magistério desempenhado por mulheres demonstram que os próprios pesquisadores e pesquisadoras não estão isentos de incorporar nos seus estudos os mesmos preconceitos e atributos desqualificativos que pensam estar combatendo.

O presente excerto retirado do conhecido livro de Heleieth Saffioti é bastante elucidativo de como as distorções analíticas sobre as mulheres também se acham presentes nos mesmos estudos que pretendem absolvê-las dos *pecados anatômicos* impostos por Freud e seus discípulos, ou pelos arroubos positivistas do princípio do século:

> A pequena capacidade reivindicatória da mulher fá-la comportar-se mais ou menos passivamente nas relações de trabalho, impedindo-a de assumir posições estratégicas que poderiam melhorar sua posição de barganha no mercado de trabalho. Nem maior capacidade de reivindicação feminina, nem a solidariedade dos homens e da Sociedade em geral poderiam, contudo, levar a mulher a encontrar soluções permanentes na Sociedade capitalista... Com efeito, o engajamento efetivo da força de trabalho feminina, quando determinado por pretensões de mobilidade social ascendente, vincula-se

muito mais à concretização das possibilidades de ascensão dos membros masculinos da família que da própria mulher. Por isso, as aspirações femininas de promoção na escala de posições da Sociedade configuram-se muito mais como aspirações masculinas que propriamente femininas, ganhando, pelo menos, um colorido diverso, quando tentada através do trabalho remunerado da mulher. (Saffioti, 1976, p.236)

Mais adiante, ao referir-se à chamada *mística feminina*, a autora penitencia-se em parte sobre as afirmações aqui transcritas e observa que:

a mística feminina não atinge a todas as camadas sociais nem as atinge no mesmo grau de intensidade e do mesmo modo. Grande contingente de mulheres mais intelectualizadas escapam aos seus efeitos; numerosas assalariadas rompem, na prática, as recomendações da mística, impelidas pela necessidade econômica. (p.299)

A facilidade que os estudos acadêmicos têm de incorporar as generalizações simbólicas acerca do sexo feminino é ainda mais intensa na área de Educação, quando as professoras chegam a ser mostradas como seres sem vontade própria, oprimidas pelo poder oficial masculino, ausentes de atributos de resistência e mesmo de transgressão. Isso acontece quando seu trabalho é analisado apenas pela óptica das relações objetivas e das esferas de produção e luta de classes como comumente se tem feito. Superar essas generalizações e atentar para os seus efeitos na profissão significa um reapropriar-se da dignidade da qual o magistério se acha atualmente alijado, de acordo com as denúncias feitas hoje.

A inserção feminina na carreira não promoveu a desvalorização salarial de uma profissão que nunca foi bem remunerada. Aceitar esse fato sem questionamentos é acatar concepções ancoradas na inferioridade sexual das mulheres e contribuir para a permanência de um raciocínio reducionista que ressalta as relações de desigualdade de gênero. A ida das mulheres ao magistério teve as causas objetivas anteriormente apontadas e que se situam nos paradoxos das relações capitalistas da sociedade. Porém, no acatamento dessas relações, não se pode eximir que as instâncias subjetivas também determinam os rumos das escolhas profissionais de cada pessoa.

A feminização do magistério promoveu mudanças na profissão no plano concreto, representado pelas relações de poder, e acentuou nesta atributos de amor, respeito, vocação e competência que, diga-se, também permeavam a profissão quando era predominantemente masculina. A incorporação dos atributos afetivos em uma determinada profissão, seja qual for, não retira dela o conhecimento e a técnica necessários para sua valorização e correto desempenho. Desde o princípio, a vontade feminina de exercer o magistério também incluiu o potencial da competência exigida para o aprimoramento docente fornecido pela prática e pela experiência.

A presença das mulheres possibilitou incorporar ao magistério os atributos de maternidade e, consequentemente, a carreira ficou mais feminina e inseriu uma determinada mudança no imaginário social acerca da profissão. Essa aura de feminilidade que passou a revestir a docência no ensino primário, até mais do que a remuneração salarial e o aumento das ofertas no mercado de trabalho para os homens, deve também ter contribuído para afastá-los do magistério. Afinal, a mentalidade dos povos latinos acerca de masculinidade e feminilidade é sobejamente conhecida.

MULHERES NO MAGISTÉRIO: UMA LONGA PARCERIA

O discurso vitimizador que costuma aparecer nos estudos educacionais, ao enquadrar as mulheres nos conceitos pré-definidos socialmente e ao colocá-las sempre como oprimidas, esquece-se de que existem os contrapontos que se situam nas entrelinhas da História e ancoram-se no mundo subjetivo, local de trânsito das mulheres, por excelência. Será que em vez de se fazer sempre uma história de opressão e submissão, enfim uma história de vencidas, no caso das mulheres no magistério, esta não é uma história de vencedoras?

MULHER E EDUCAÇÃO: A PAIXÃO PELO POSSÍVEL   81

Uma história social e profissional das professoras sob a óptica da cultura que lhes era oferecida dentro dos padrões sociais, éticos e morais vigentes ao longo das épocas, num contexto imbricado de determinações sexistas, não poderia talvez explicar melhor seu acesso e permanência na profissão? De que forma essa cultura era recebida, decodificada, traduzida? Como seu sentido era captado por elas e revertido em ações práticas, mudanças comportamentais, elaboração de novos hábitos de aceitação ou rejeição? São questões assim, mesmo eivadas de subjetividade, que merecem despertar o interesse do historiador na busca da reconstrução histórica, principalmente se este procura dar visibilidade a sujeitos até então ausentes. No caso da Educação, essa visibilidade configura-se extremamente importante.

Na hierarquia acadêmica, são poucos os que se ocupam prioritariamente da questão do gênero nos estudos sobre educação, e a área de investigações sobre a mulher tem produzido pouca reflexão teórica e escassa informação empírica sobre esse campo de atuação e mercado de trabalho no qual predomina o feminino. As pesquisas e análises feitas em livros didáticos, manuais escolares, literatura infanto-juvenil e trabalhos empíricos em sala de aula vêm demonstrando a existência de estereótipos sexuais na escola como resultado de uma educação sexista, na qual meninas e mulheres desempenham papéis sexuais domésticos e subalternos (Rosemberg, 1992, p.178). Esses estudos, apesar de sérios e bem fundamentados, não têm efetivamente contribuído para que haja repercussões no cotidiano das escolas e as professoras continuam a exercer uma prática pedagógica e psicológica que reforça as representações acerca dos papéis sexuais desempenhados por meninos e meninas na escola, na vida social e nas relações pessoais. Por sua vez, elas podem também estar introjetando os mecanismos de subordinação que transmitem, retroalimentando as relações de poder na Educação.

Nos livros de histórias, por exemplo, as meninas costumam ser representadas de forma passiva, boquiabertas perante o arrojo e a coragem dos meninos, o que ressalta sua fragilidade, docilidade e menor vigor físico, isso quando não são medrosas e assustadiças. Sempre que se quer representar a sala de aula e o magistério, a figura da professora é a de uma mulher usando óculos, cabelos presos na nuca, saia e blusa comportadas e outros estereótipos. O mesmo acontece nas representações domésticas, a mulher dentro de casa, no fogão, no tanque ou no trato com as crianças, o que parece apontar para um caminho de discriminação sexual às avessas, ou seja, homens também são professores e cuidam da família, porém raramente são descritos nesses afazeres, como se tal fato devesse permanecer oculto.

Quando são adotados enfoques teóricos que privilegiam procedimentos macroestruturais e se relativizam as categorias classificadas de subjetivas e, portanto, indignas de crédito, procede-se a um desmantelamento de todo um arcabouço profissional que tem, dentre seus atributos, qualidades humanas que não devem nem podem ser minimizadas ou simplesmente esquecidas. Uma questão que se coloca é: como levar a efeito uma análise que não reduza o magistério feminino apenas à óptica do trabalho, conforme têm feito os paradigmas clássicos e que não conseguem abranger toda a complexidade do processo em que a profissão está inserida? Ao mesmo tempo, como, ao adotar outras posturas teóricas, não cair nos riscos da subjetividade excessiva que pode mascarar a realidade sem promover avanços epistemológicos significativos?

Se entendemos que reduzir os contornos extremamente flexíveis do ato de ensinar e educar apenas ao desenvolvimento de métodos e técnicas retiramos da educação escolarizada aquilo que ela tem de melhor: a possibilidade de proporcionar ao aluno uma formação integral representada pelo desenvolvimento de suas potencialidades e a aquisição da cidadania consciente, principalmente se esse aluno pertence aos grupos populares. Ou, se nos deixamos levar pelo discurso que alija do magistério o estatuto de profissão e, sob o mascaramento ideológico de considerar que este é apenas *missão* ou *vocação* e procura nos iludir de forma a que abdiquemos de lutar por justas condições materiais e salariais de trabalho, estaremos fazendo o jogo do poder instituído que não atribui à Educação o lugar que lhe compete dentre as áreas de desenvolvimento de uma nação e de seu povo.

Afirmar que a escola tem ajudado a consagrar os tradicionais papéis femininos pode ser em parte verdade, mas não toda ela. Atualmente, o que mais chama a atenção nos projetos educacionais é a ausência de uma real preocupação de gênero no magistério, partindo-se mais para a denúncia de preconceitos ou estereótipos sexuais nas escolas e nas mensagens dos livros didáticos e infanto--juvenis, do que propriamente elaborar um sério estudo sobre as professoras como agentes educativos responsáveis por práticas sociais e pedagógicas concretas.

Comumente, quando se investiga o universo profissional feminino, representado pelo magistério, o que mais se destaca são os questionamentos feitos acerca das escolhas. Os pesquisadores (ou pesquisadoras), imbuídos das melhores intenções, aplicam testes padronizados ou realizam entrevistas com o objetivo de desvendar, nas respostas das professoras, o sentido e o significado de conceitos como *vocação* e *missão*, que aparecem traduzidos também, *grosso modo*, pelo *gostar de crianças* ou *achar importante ser professora*. Quando isso ocorre, passa-se, inevitavelmente, a utilizar o raciocínio desqualificativo, ignorando a possível verdade que possa estar escondida no discurso afetivo da professora ou das alunas dos cursos de formação e procede-se ao seu desmantelamento, sob a alegação de que nas respostas obtidas ocultam-se mecanismos de ideologização e dominação sexista. Até que ponto essa atitude não contribui para reforçar a imagem negativista que a cada dia impregna o trabalho da professora e deste retira a dignidade profissional? Quando a professora valoriza o afeto, a vontade de ensinar, a solidariedade como atributos essenciais para o exercício docente, há que se pensar que o discurso é real e não fictício, que este vem do seu intimismo como ser humano e ser feminino, e até da própria projeção do amor materno. Negar ou desqualificar a veracidade do discurso da professora é atribuir-lhe papéis de passividade receptiva a motivações externas, enquanto a ignora como sujeito histórico regulador do seu destino, que efetua escolhas determinadas pela concretude da sua existência e pelos ditames do seu desejo como pessoa.

Dessa forma, a vocação situar-se-ia na categoria de escolha não válida vista através do tom moralizante e acusatório que assumem as pesquisas, o que não deixa de ser também um mecanismo de dominação ao eliminar das mulheres professoras o exercício do livre arbítrio. Isso necessita ser repensado para não se impor também ao magistério feminino o jogo perverso da opressão e da discriminação sexual. Há que se atentar, principalmente, para trabalhos que reforçam valores permanentes derivados do discurso oficial de dominação da mulher e se preocupar com uma crítica que aja como demolidora de parâmetros e que se insurja contra essa permanência, buscando uma *hermenêutica feminina* que leve em consideração não mais o sujeito universal, assexuado, passivo e único, mas que redescubra o detalhe, a nota dissonante, a pluralidade das estruturas sociais e dos atores que nelas transitam.

As diferenças naturais, ao constituírem-se aval para a exclusão e opressão, justificam que as determinações biológicas podem impor o exercício do poder do sexo masculino sobre o feminino. Essas determinações, ao longo do tempo, mantiveram as mulheres invisíveis na história da Educação, embora, paradoxalmente, estas sempre tenham sido as principais agentes da educação escolarizada. Atualmente, isso tem dado alguns sinais de reversibilidade pela contribuição da crítica feminista dos últimos anos e que tem sido decisiva nos estudos históricos, sendo importante agora que se utilize de maior ênfase dessa contribuição na área da Educação. Talvez, com isso, possamos fazer uma História da Educação diferente da comumente feita.

A inserção dos estudos de gênero na área de Educação, em particular no trabalho docente feminino, permite elencar categorias de análise que levem em consideração alguns questionamentos:

- Como as professoras se veem como pessoas e como mulheres?
- Que critérios pessoais e concretos determinam suas escolhas profissionais?
- Que ideais ontológicos relacionados com o sexo estão implícitos na formação das professoras?
- Qual o significado, para as professoras, do seu trabalho docente e como enxergam a feminização da sua profissão?
- Como as professoras se situam como pessoas e profissionais na área de Educação, tendo em vista sua identidade feminina?

Esses questionamentos, embora não esgotem a totalidade das indagações acerca da profissionalização feminina e da feminização da carreira, podem servir como ponto de partida para, realmente, (re)construir-se uma História das Mulheres na Educação e no Magistério.

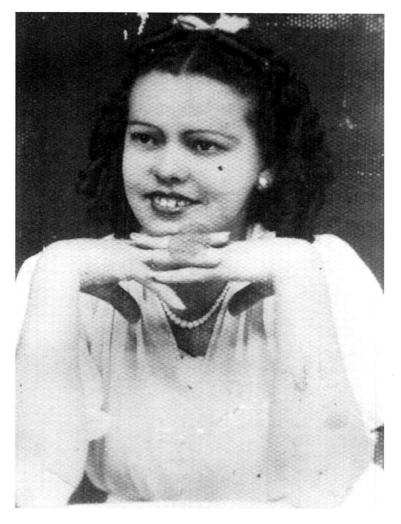

Acervo particular, 1936.

Acervo particular, 1905.

MULHER E EDUCAÇÃO: A PAIXÃO PELO POSSÍVEL 89

Acervo particular, 1918.

Acervo particular, 1896.

Acervo particular, 1920.

Acervo particular, 1921.

MULHER E EDUCAÇÃO: A PAIXÃO PELO POSSÍVEL 93

Acervo particular, 1924.

Acervo particular, 1928.

MULHER E EDUCAÇÃO: A PAIXÃO PELO POSSÍVEL 95

Acervo particular, 1950.

Acervo particular, 1948.

MULHER E EDUCAÇÃO: A PAIXÃO PELO POSSÍVEL 97

Acervo particular, 1953.

Revista *Ilustração*. Lisboa, 1924.

MULHER E EDUCAÇÃO: A PAIXÃO PELO POSSÍVEL 99

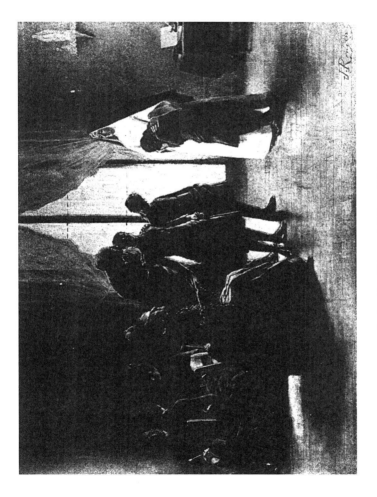

Revista *Brazil-Portugal*. Lisboa, 1914.

Revista *Ilustração*. Lisboa, 1899.

MULHER E EDUCAÇÃO: A PAIXÃO PELO POSSÍVEL 101

Desenho de Lauro Monteiro. Araraquara, 1998.

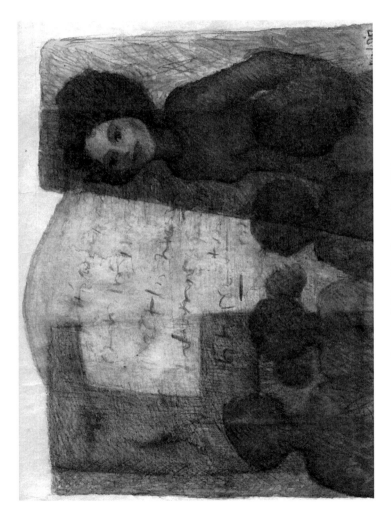

Aquarela de Diana Diez. Buenos Aires, 1996.

MULHER E EDUCAÇÃO: A PAIXÃO PELO POSSÍVEL 103

Aquarela de Diana Diez. Buenos Aires, 1996.

2 DOS ARQUIVOS SILENCIOSOS À RECUPERAÇÃO DO VIVIDO: AS FONTES ESCRITAS E AS FONTES ORAIS

Uma das principais dificuldades para a pesquisa histórica consiste em conseguir impor uma certa coerência às fontes que, muitas vezes, se mostram fragmentadas. Utilizando uma imagem metafórica para explicar como vejo esse trabalho, diria que é como costurar retalhos de panos de várias e diversas tonalidades, como lembro que fazia minha mãe, até chegar àquela essência do mais puro artesanato doméstico que deslumbrava pela sua simplicidade e ia enfeitar mesas e camas com uma beleza singela. Os retalhos eram de diversos tamanhos, cores, texturas, quase sempre não combinavam entre si e era necessário um primoroso trabalho de paciência para conseguir harmonizá-los. Alguns se perdiam na confusão do quarto de costura, outros se esgarçavam ou se esfacelavam ao serem manuseados, outros ainda destoavam do conjunto e havia que se pensar demoradamente em como cortá-los para que pudessem ser de alguma utilidade.

Assim também sucede com as fontes históricas escritas, sobretudo se existem, entre elas e o momento presente, anos empoeirados pertencentes ao passado, representados por frases apagadas, páginas que faltam, lacunas ou trechos irrecuperáveis. Há também aquelas que não podemos consultar, pois, de tão raras, não podem mais ser manuseadas ou expostas, o que é digno de respeito, mas nos impedem sua leitura.

As fontes orais, pela sua subjetividade, mais do que nunca, necessitam de um discernimento objetivo que permita desvendar, nas histórias de vida recuperadas pela memória, aquilo que se propõe estudar. Os anos e as épocas transcorridos não têm limites demarcados por este ou aquele fato simplesmente, e, quando se trata de desvendar mentalidades e ideologias, isso ainda é mais complexo, pois, apesar das datas significativas, dos fatos extraordinários, dos atores que se destacaram em determinados períodos, a vida cotidiana sempre transcorreu na rotina, nos atos simples de viver e lutar pela sobrevivência.

Quando me propus buscar modelos de análise para repensar a história das mulheres no magistério, baseada na imprensa periódica educacional e feminina do Brasil, e estabelecer categorias explicativas para uma história que privilegiasse o seu ponto de vista, não deixei de considerar que as fontes escritas, apesar do universo que abrem ao pesquisador de história, possuem também suas limitações, principalmente aquelas derivadas do fato de que a leitura e a escrita, durante todas as épocas, sempre pertenceram a uma minoria privilegiada. Apenas este século tem intentado universalizar esse conhecimento, embora sem grandes sucessos.

A obra escrita em forma de jornais periódicos, revistas, literatura, poesias e mesmo música revela formas de pensar, mentalidades e sentimentos dos personagens em determinados períodos históricos. Na tentativa de apreender as complexidades de uma história feita por homens e também por mulheres no transcorrer de suas vidas cotidianas, uma história impregnada de suas emoções e seus afetos e, por isso, extremamente subjetiva, busquei um recorte epistemológico que pudesse dar conta dessa subjetividade. Nesse recorte dei-me conta das dificuldades deste tipo de análise, que são muito maiores do que quando se adotam os chamados paradigmas clássicos voltados para a macroestrutura e o sujeito universal. A mesma universalidade que pressupõe um determinado alcance dentro da perspectiva da apropriação dos mecanismos de leitura é apenas potencial, pois nem todos podem, por razões sociais e culturais, chegar à plena compreensão da obra escrita somente pelo fato de saber ler.

As fontes escritas, representadas pela imprensa periódica educacional e feminina, assim como outras fontes de natureza literária, apresentam um potencial de análise que inclui o ponto de vista do sujeito no seu tempo e revelam um passado que, para esse sujeito, era o presente, com todo seu determinismo. A decifração desse presente, com os meios dos quais se dispõe, sejam os escritos sejam os obtidos pelos testemunhos dos atores que o vivenciaram, viabiliza um trabalho de reconstrução e interpretação. Todas as épocas possuem um determinado perfil ancorado na micro-história, que fica diluído nas análises macroestruturais e impede o historiador de captar as diversas tonalidades das quais aquele período foi portador. Caminhar em meio à microestrutura dos fatos cotidianos e das ideias do dia a dia expostas por sujeitos únicos, embora inseridos na coletividade e nela promovendo mudanças, viabiliza captar seus códigos verbais e a expressão das suas mentalidades e como estas se construíram no cotidiano de suas existências.

Para Ricoeur, a narrativa prende-se a um esquema que permite articular circunstâncias, intenções, motivos de derrota e felicidade entre outros, em que cada coisa encontra um lugar apropriado e *toda cultura é constituída por maneiras de contar*.[1] Na possibilidade de reconstituir o discurso de uma época, a imprensa periódica revelou a voz de cada ator no tempo histórico ao qual este emprestou significação, pela via do discurso escrito. Esse discurso, diferentemente do discurso oral, apresenta características de perenidade ao fixar-se pela palavra impressa a qual, por sua vez, permite fazer emergir atores que já não podem dar seu testemunho sobre aquilo que viveram e que realizaram e, principalmente, sobre o que refletiram e experienciaram. Esses atores puderam desvendar um mundo no qual, de uma forma ou de outra, deixaram sua marca, dado que a obra escrita não consegue existir sem o seu criador, nem se sustentar de forma descontextualizada do seu tempo histórico. O que se pode afirmar com certeza é que a perpetuação do ser humano dá-se mediante sua obra, seja ela um monumento, um palácio, um poema ou um pequeno artigo num

---

1 O trabalho de Ricoeur (1990, p.158) explicita: "consiste em explorar os vínculos, que a meu ver não podem ser rompidos, entre a historiografia e a narrativa. Penso que se a história rompesse completamente com a narrativa, tornar-se-ia sociologia e deixaria de ser história; o tempo deixaria de ser seu elemento central; aquilo que os homens fazem e sofrem escaparia ao seu olhar".

jornal efêmero. Por seu intermédio é possível descortinar o passado e decifrar sua ideologia.

A obra escrita permite reviver os personagens do passado e possibilita que estes transmitam sua mensagem para o nosso presente, que significa o seu futuro. Esta análise, ao privilegiar os sujeitos interlocutores da história enquanto seres humanos em sua subjetividade, neste caso, envolvendo mulheres e educação, procurou diluir a invisibilidade feminina e tentar a apreensão de um conhecimento que revelasse a complexidade da atuação desta como sujeito histórico, mesmo que essa atuação não representasse, na época, alterações significativas nos costumes e nos hábitos de uma sociedade que primava pelo androcentrismo, conservadorismo e normatização da sua conduta.

A imprensa feminina, no geral, preocupava-se com a questão da emancipação, da educação e da profissionalização das mulheres, mas nem sempre se referia ao magistério prioritariamente. A imprensa educacional voltava-se essencialmente para as questões pedagógicas e o magistério em si, sem defini-lo como atribuição primordial de um ou outro sexo, embora fique claro que eram os homens que ditavam as suas regulamentações. Nesse tipo de imprensa as mulheres que trabalhavam como professoras permaneciam numa invisibilidade política e pedagógica, enquanto era ignorada até mesmo sua superioridade numérica. Nos raros momentos em que emergiram como profissionais, sua identidade aparece encoberta pela ideologia e pelo discurso masculino.

Durante a análise do magistério feminino através da imprensa, passo a passo, fui costurando minha colcha de retalhos, procedimento que talvez revele uma metodologia intencionalmente pouco ortodoxa, mas que também permitiu a emergência do sujeito encoberto nas análises mais tradicionais, naquilo que Edgar Morin denomina *projeções do espírito humano sobre o real*.[2] Procurei esboçar um quadro no qual o sujeito, na sua com-

---

2 Para Morin, (1989, p.39), "o que nós captamos do mundo não é o objeto menos nós, mas o objeto visto e observado, como produzido por nós. Nosso mundo faz parte da nossa visão do mundo, a qual, por sua vez, faz parte do nosso mundo. Ou seja, o conhecimento de um objeto, por mais físico que seja, não pode estar dissociado de um sujeito cognoscente, enraizado numa cultura e numa história".

MULHER E EDUCAÇÃO: A PAIXÃO PELO POSSÍVEL   109

plexidade, pudesse emergir e ter seu perfil delineado, e, nesse esboço, permeado pela estrutura temporal, tentar conhecer o que ele viveu, o que pensou, por que existiu. Isso permitiu uma interpretação do magistério feminino que utilizasse o ponto de vista das mulheres que vivenciaram sua realidade e seu desenvolvimento histórico, objetivando assumir uma visão diferenciada da que tem sido comumente adotada e que, sistematicamente, tem ignorado o papel das mulheres ao longo da História da Educação, a estas atribuindo papéis de passividade e receptividade, esquecendo-se de que as transgressões e a resistência, tanto como hoje, constituíram, no seu tempo, uma realidade e por isso também fazem parte da História. Essa História reflete o pensamento do historiador que, ao interpretar o mundo, o representa em sua complexidade. Nessa historiografia feminina, ao tentar não perder de vista essa complexidade, impõe-se descobrir as mulheres como sujeitos de uma história particular e geral.

Os periódicos educacionais da época possuíam nos seus quadros de articulistas e diretores uma maioria masculina, e atingiam os dois sexos ao posicionarem-se sobre questões pedagógicas, que não eximiam ataques às políticas públicas em todos os setores e, naturalmente, à Educação. Esses escritos eram representativos de uma visão do processo educacional construída por homens e, na maioria das vezes, não deixavam transparecer quanto a educação estava impregnada da presença feminina, fazendo supor que seus principais atores eram representados apenas pelo sujeito masculino.

Os periódicos feministas, ou melhor, femininos,[3] eram escritos e dirigidos por mulheres pertencentes às classes privilegiadas,

---

3 Nem todos os periódicos dirigidos às mulheres eram escritos somente por elas. Havia revistas femininas organizadas por homens que veiculavam valores tradicionais e masculinos da sociedade e nem sempre defendiam a emancipação feminina. Muitas mulheres escreviam nessas revistas e mesmo em jornais, e pregavam a permanência dos papéis tradicionais, lamentando os rumos da sociedade que não tinha na mulher a mãe e a esposa, opinião compartilhada por muitos homens. Embora não se possa chamar apropriadamente esses periódicos de feministas, os periódicos femininos não tinham as peculiaridades exatas dos educacionais e eram bastante complexos nas suas reportagens e artigos. Por via das dúvidas, chamarei a imprensa analisada de *feminina* apenas. Outra observação a fazer é que alguns homens escreviam artigos sob pseudônimos femininos e nem sempre foi possível descobrir quando isso acontecia.

pessoas detentoras de cultura e senso crítico, enfim, uma elite, que constituiu uma equipe de vanguarda e se arrogou a prerrogativa de questionar a ordem social e as estruturações culturais que normatizavam sua vida e seu destino. Essa elite feminina era constituída por médicas, artistas, engenheiras, esportistas, escritoras e professoras que, através da imprensa, puderam sair ao espaço público e denunciar o que até então tinham calado ao longo de anos de submissão. Houve momentos em que esses dois tipos de imprensa, a educacional e a feminina, fundiram-se em reivindicações comuns e aliaram-se nas suas reclamações e denúncias. Existiu também a contrapartida e se distanciaram quando as propostas feministas afastaram-se do discurso normativo vigente revelando o conservadorismo do qual também se revestia a educação e a dominação masculina nesse campo. Aliás, pode-se afirmar que nunca houve unanimidade entre as mulheres a respeito das questões feministas e até mesmo educacionais. Na realidade, as mulheres que participaram ativamente do espaço público que a imprensa possibilitava ocupar eram exceções no universo feminino da época. Sendo esse espaço reservado a mulheres burguesas de classe média para cima, alijava de seus quadros as operárias e as mulheres pobres, as quais nunca tiveram acesso à educação e à cultura, sempre trabalharam nos mais variados labores e, sozinhas, sustentaram famílias. Entre essa elite também havia divergências e, paradoxalmente, muitos homens, pertencentes a esse segmento social, envolveram-se com a causa feminista e concordaram com as mulheres em muitos pontos sobre sua educação e profissionalização.

Os jornais femininos eram escritos, dirigidos e destinados às mulheres, possuindo um explícito teor feminista e contando com a colaboração de simpatizantes do movimento. Os jornais educacionais eram publicações da área da Educação e das escolas normais, escritos por e para professores e alunos de ambos os sexos. Essa imprensa apresenta alguns paradoxos, pois à medida que mostra as mudanças sociais aliadas às transformações nas mentalidades, veiculando valores progressistas, impregnados de consciência crítica por parte das mulheres, também dissemina atitudes conservadoras que conflitam com a natureza das primeiras.

MULHER E EDUCAÇÃO: A PAIXÃO PELO POSSÍVEL   111

A imprensa educacional tratava com maior frequência de questões pedagógicas, como metodologias de ensino, livros e materiais didáticos, temas políticos, o direito à educação, a coeducação dos sexos, a situação profissional, as políticas educacionais, educação feminina, educação infantil e, principalmente, questões salariais. As revistas e jornais femininos ocupavam-se de temário variado e a maioria dos artigos versava sobre a necessidade de educação e instrução para as mulheres. Além dos artigos, os jornais e as revistas femininas apresentavam debates, notícias do mundo, fotografias, desenhos, novelas em capítulos, poesias, versos satíricos, editoriais, educação infantil, moda, conselhos de saúde e beleza, que não faziam parte da imprensa educacional.

No Brasil, no período que vai de 1890 a 1940, após o advento da República, uma certa agitação feminina, representada por reivindicações por educação e instrução, nos moldes do que ocorria no panorama mundial, incomodava os segmentos conservadores da sociedade e as mulheres, assim como o professorado em geral, procuraram organizar-se em associações e para isso o papel dos jornais e revistas foi determinante. Nos anos iniciais do século houve uma proliferação de jornais e revistas escritos e dirigidos por mulheres e foram variadas as publicações periódicas da área da educação dirigidas ao professorado.

Essa imprensa manteve-se nas décadas seguintes, principalmente nos anos 20. A década de 1930, com a implantação do Estado Novo e o consequente esvaziamento das livres demonstrações democráticas, nas quais se incluíam a liberdade de imprensa, pode ter contribuído para um certo silêncio das associações femininas, silêncio que foi quebrado nos finais dos anos 60 com a emergência do movimento reivindicatório feminista mundial.

As fontes orais, representadas pelas lembranças das professoras primárias aposentadas, através das suas histórias de vida, também constituem relevantes indicadores para o conhecimento da atuação das mulheres no magistério. Esse conhecimento pessoal e profissional, permeado também de subjetividade, é o campo no qual se ancoram a emoção e o afeto, pois "é através da subjetividade das mulheres e do que elas têm a contar que se pode testemunhar uma história das mulheres diferente, distinta das imagens que foram produzidas sobre elas, por exemplo nos campos político e educativo" (Araújo, 1993a, p.171).

As histórias de vida inserem-se no campo específico da memória, daí a relevância em se ouvir as professoras e descortinar as formas como direcionaram suas vidas e suas escolhas ocupacionais, de maneira a ampliar as oportunidades de acesso ao espaço público pela obtenção do direito de terem uma ocupação remunerada. Nas representações que elaboram acerca da profissão abraçada fica evidente que esta tanto foi resultado de uma escolha consciente como imposta por falta de outras opções profissionais, mostrando a necessidade que tiveram de adaptar as ambiguidades de um trabalho profissional com as formulações do casamento e da maternidade. Além disso, as histórias de vida das mulheres professoras podem revelar como foi sua luta cotidiana para dar sentido e significado às suas atividades e a forma como confrontaram o poder masculino.

VOZES DISSONANTES NA IMPRENSA PERIÓDICA EDUCACIONAL E FEMININA

Em 6 de março de 1864, o jornal denominado O *Médico do Povo*, publicado aos domingos pelo doutor Mello Moraes, na cidade do Rio de Janeiro, em artigo intitulado "Carácter geral dos brasileiros" informava aos seus leitores sobre algumas qualidades do sexo feminino:

> As mulheres são em geral as mais amáveis de toda a terra, porque aos atrativos do corpo reúnem a docilidade, a brandura, e mesmo a humildade; são fiéis, extremosas, e boas mães de família; e quando a tudo isso se adiciona uma fina educação é a brasileira a melhor mulher do mundo. (1864, p.3)

Essa ideia de mulher, que o imaginário social veiculava, possuía raízes antigas herdadas dos velhos tempos coloniais e dos padrões comportamentais adotados na sociedade portuguesa que tinham no clero seus principais defensores e disseminadores. O discurso normatizador, que impregnava a mentalidade popular

MULHER E EDUCAÇÃO: A PAIXÃO PELO POSSÍVEL   113

portuguesa e mesmo a europeia ao longo dos séculos, infiltrara-se na ex-colônia deixando suas marcas indeléveis.[4]

O período imperial introduziu poucas modificações nas expectativas sociais acerca do sexo feminino. O espaço urbano que se expandia possibilitou, com a chegada dos reis portugueses ao Rio de Janeiro no início do século XIX, transferir parcelas da população rural para a nova sede do Império e, consequentemente, exigir das mulheres um outro tipo de comportamento derivado da convivência social no espaço da cidade.

A segunda metade do século estabeleceu nas grandes cidades uma notável expansão física e surtos de industrialização, embora não tenha modificado seu perfil colonial de economia agrária. Esse meio urbano fortaleceu-se no período republicano, os espaços de sociabilidade foram ocupados pela família e a vida modificou-se,[5] existindo, entretanto, a contrapartida. As mulheres

> tiveram que se organizar para contemporizar as normas culturais impostas por ambos os discursos e os constrangimentos naturais em que viviam afogadas, refugiaram-se na realização da maternidade como uma forma de resistência ao controle masculino ... a exaltação da mãe sagrada ou profana, típica nesses tempos de reformas religiosas, serviu para a revanche da mulher contra uma sociedade androcêntrica e misógina. Entre virtualidades e armadilhas, a maternidade foi o refúgio onde as mulheres se defenderam da exploração doméstica e sexual, do abandono e da solidão em que viveram nas duras condições materiais de vida dos tempos coloniais. (Del Priore, 1993, p.28)

---

4 Del Priore (1993, p.27) observa que a regulação de padrões comportamentais das mulheres na Colônia foi acionada por dois fortes instrumentos de ação: o primeiro, importado da Metrópole, que teve entre os moralistas, os confessores e os pregadores seus mais notáveis porta-vozes; o segundo, pelo discurso médico sobre o funcionamento do corpo feminino, que avalizava o discurso religioso ao adotar suas regras sobre a função natural da mulher de procriar e, ainda: "fora do manso território da maternidade, alastrava-se a melancolia, vicejava a luxúria, e por isso a mulher estava condenada à exclusão".

5 "O intenso processo de urbanização dirigido pelos princípios da ordem republicana foi absorvido pela família, estimulada a desenvolver práticas sociais que se adaptassem ao novo equipamento urbano ... O novo estilo de vida implicou a adoção de formas burguesas de desfrutar as ações urbanas ou populares de criar modos de divertimento barato..." (Araújo, 1993b, p.34).

Em meados do século XIX, a ex-colônia, ainda sob valores monárquicos, estabeleceu um padrão de mulher frágil e abnegada, comportamento pregado inicialmente às moças de boa família para, em seguida, deslocar-se para as classes trabalhadoras. Essa norma comportamental exaltava a virgindade, as virtudes burguesas e o esforço individual como norma a ser seguida para adequar-se aos padrões de uma sociedade que se urbanizava rapidamente e:

> por caminhos sofisticados e sinuosos se forja uma representação simbólica da mulher, a esposa-mãe-dona de casa, afetiva mas assexuada, no momento mesmo em que as novas exigências da crescente urbanização e do desenvolvimento comercial e industrial que ocorrem nos principais centros do país solicitam sua presença no espaço público das ruas, das praças, dos acontecimentos da vida social, nos teatros, cafés e exigem sua participação ativa no mundo do trabalho. (Rago, 1985, p.62)

O processo de urbanização promoveu alterações na posição social feminina, mas o domínio masculino continuava, sendo determinante na organização vigente. O regime republicano somente instituiria um Código Civil em 1916, no qual o homem chefiava a família, administrava os bens e autorizava o trabalho da mulher, cabendo a ele o exercício do pátrio-poder. O amparo legal era o que menos pesava nos comportamentos ditados pela herança portuguesa e pelas tradições imutáveis desde os tempos da Colônia, que colocavam o homem no centro do universo social e doméstico e a posição feminina centrava-se em ser responsável pela reprodução e criação dos filhos na tenra idade.

Se nos tempos coloniais o casamento era a alternativa para a vida conventual por vezes escolhida pelas mulheres de classe privilegiada, no século XIX sua posição social sofreu poucas alterações, mantendo-se a supremacia masculina e a permanência das mulheres no mundo doméstico. Para estas, apesar dos espaços abertos na nova sociedade urbanizada que emergia no cenário nacional, principalmente nos grandes centros, sendo o principal deles o Rio de Janeiro, capital do país no Império e na República, o mundo da casa continuava sendo seu local por excelência. Alçadas à categoria de rainhas do lar graças aos positivistas e higienistas,

MULHER E EDUCAÇÃO: A PAIXÃO PELO POSSÍVEL   115

deveriam dedicar-se integralmente à família e aos cuidados domésticos. O trabalho para as mulheres das classes média e dominante era permitido e aceito somente em casos excepcionais ditados por extrema necessidade, como viuvez ou falência financeira da família paterna.

A mesma urbanização, que permitiu a saída das mulheres para além das fronteiras do mundo privado, também exigiu delas os comportamentos morais que a sociedade burguesa esperava que desempenhassem, como o cuidado com a família, a educação dos filhos, o apoio ao marido, enfim, que acatassem o papel do anjo tutelar tão privilegiado nos romances da época.

A incipiente República que se delineava no final do século apresentava ao imaginário social uma figura de mulher inspirada na filosofia comteana, a mulher-mãe com qualidades morais altruísticas, a fêmea humana, bondosa, redentora. Carvalho (1990, p.87) relata a utilização da figura feminina como alegoria cívica nos primeiros tempos republicanos, inspiradas no ideário francês, no qual a república sempre foi representada como mulher. Rapidamente, com a decepção causada pelo regime, os caricaturistas da imprensa nacional passaram a usar essas alegorias femininas como forma de ridicularização. A figura da mulher altaneira, gloriosa e maternal, feita à imagem da Virgem, transformou-se na mulher prostituída e decaída, tendo sido usada mesmo pelos que haviam apoiado a República.

As mulheres de elite e de cultura que transitaram pelo período republicano não somente participaram deste movimento republicano, inclusive em passeatas, como escreveram vários artigos em jornais sobre o evento e posicionaram-se contra o regime provisório, quando a República ainda não tinha completado dois meses. Essas mulheres repudiaram o positivismo e suas formulações a respeito do sexo feminino, assim como tentaram participar na elaboração da nova Constituição brasileira após a Proclamação, com escritos em que criticavam a Carta Magna entregue ao governo em 30 de maio de 1890. Obviamente, representavam uma minoria, mas, dado o contexto sociocultural da época e as mentalidades que impregnavam a vida social, essas presenças não poderiam passar despercebidas (ver Bernardes, 1989, p.20).

A implantação do regime não alterou a situação feminina no país e as mulheres tiveram negado o direito ao voto pelo governo republicano. O principal argumento era que a inserção na vida política contaminaria sua pureza e esta era necessária para manter o lar brasileiro longe das torpezas públicas. O argumento nacional da domesticidade feminina também foi veiculado pela imprensa, até mesmo na voz das próprias mulheres que, algumas vezes, rejeitaram as teses do movimento feminista que se disseminava na Europa e Estados Unidos, como se pode ver no excerto do artigo "O feminismo no Brasil", de Helena Castello Branco, publicado em 1909, no *Jornal do Brasil*:

> A mulher brasileira, como a portuguesa, não tem entusiasmo pelo feminismo. Não sonha a glória de concorrer com o homem no *struggle for life*. Ela sonha com uma vida mais plácida e serena, cheia de amor e poesia: cuidar dos seus lindos jardins, das suas recepções, das grandes festas, dos passeios à tarde pela Avenida e pela Rua do Ouvidor, e do lar, muito do lar, que enche de uma doce alegria, de carícias honestas aos filhos e esposo ... Deve-se afastar a mulher brasileira das doutrinas excessivas.[6] (25.4.1909, p.7)

A imprensa feminina também apresentava notas dissonantes acerca do tema, tanto que, em 1899, *A Mensageira*, revista publicada em São Paulo de 1897 a 1900, e dirigida por Prisciliana Duarte de Almeida, posicionou-se contra o papel de rainha do lar atribuído à mulher e o seu consequente alijamento das esferas públicas:

---

6 Cf. Araújo (1993b, p.66). A autora ainda observa que "a partir do final do século, entretanto, prospera a participação feminina em movimentos sociais e na organização da campanha sufragista, que ganhará impulso com a Grande Guerra ... A incipiente imprensa feminina ganhou fôlego. O jornal *O Sexo Feminino*, que atravessava dificuldades para manter-se no mercado desde 1875, ressurgiu em 1889 com o nome de *O Quinze de Novembro do Sexo Feminino*, alcançando no ano seguinte a circulação de 2.400 exemplares. *A Família*, fundada em São Paulo em 1888, transferiu-se para o Rio, e *A Mensageira*, revista editada em São Paulo a partir de 1897, tinha entre seus leitores uma parcela da elite feminina carioca ... O debate intensifica-se, mas a propaganda feminista, embora ganhe adeptos, tem sua repercussão restrita às elites. Os valores conservadores neutralizam a influência internacional, ressaltando as peculiaridades culturais e a personalidade adversa da mulher brasileira".

MULHER E EDUCAÇÃO: A PAIXÃO PELO POSSÍVEL

Neste momento o sexo forte, que a aclamou rainha, que a poetisou, que lhe expôs como inútil e ridículo o trabalho, que lhe falou na sua nobre missão de viver em casa, de só pensar nos filhos, de ser graciosa, recatada, estranha no mundo, mostra-lhe severamente a necessidade de ser honesta – costurando ou procurando arranjar na sua roda de amigas, que a hão de escarnecer, algumas lições de francês ou de piano. Se não obtiver costuras, mantenha-se honesta; se não granjear discípulos, conserve-se honesta ainda.[7] (15.10.1899, p.172)

O artigo, ao ironizar esse aspecto, tão propalado pelo imaginário republicano, e a decantada honestidade feminina que deveria sobrepor-se mesmo às mais urgentes necessidades ditadas pela sobrevivência, mostra a emergência de um padrão feminino que procurava fugir dos estereótipos impostos pela cultura masculina, havendo uma rejeição a um papel que tinha por objetivo reforçar suas amarras domésticas e afastá-las do espaço público. Entretanto, os apelos do simbolismo da domesticidade seduziam as mulheres e eram raras as que resistiam e abdicavam do trono oferecido, apesar das denúncias veiculadas pela imprensa feminina. Mesmo desejando o espaço público, a mulher não queria renunciar ao mundo doméstico que proporcionava segurança e recompensas afetivas e lhe assegurava um lugar de respeito no mundo social.

O desenvolvimento da imprensa educacional e femininas, nos fins do século XIX e ao longo das primeiras décadas do século XX, significou uma forma de veicular ideias e costumes no país. Com um maior acesso à escolarização e o crescimento do espaço urbano, mais mulheres passaram a fazer parte do público leitor e reproduzir as ideologias e as representações divulgadas. A imprensa serviu para dar expansão aos sufocados sentimentos femininos e, no meio literário, surgiu uma oportunidade de revelação daquilo que se passava no espaço privado. Os jornais e as revistas femininas, que constituíam a forma mais elaborada dos primeiros, permitiram a emergência de um universo político e literário que detinha o poder de ampliar o universo e decifrar o cotidiano das mulheres, o que nem sempre foi assinalado nas narrativas oficiais.

---

7 Cf . Rago (1991, p.49).

Tanto *A Mensageira* como a *Revista Feminina*, também de São Paulo e editada de 1914 a 1936, foram publicações importantes no período e tiveram grande aceitação entre o público leitor feminino. Esta última é considerada a primeira grande publicação paulistana, fundada por Virgilina de Souza Salles, membro da oligarquia paulistana, tendo circulado por 22 anos. Nela colaboraram Olavo Bilac, Coelho Neto, Menotti del Picchia, Júlia Lopes de Almeida e Prisciliana Duarte de Almeida, entre outros nomes de reputação no panorama literário brasileiro da época.

As reivindicações por educação e instrução para as mulheres fizeram-se presentes constantemente nessas publicações que foram consideradas como as duas principais revistas femininas do período e veicularam uma imagética de mulheres combativas e corajosas, em cujas mãos repousava a educação dos homens fortes que fariam o futuro da nação. Mesmo atingindo um grande número de leitoras, a revista não constituiu uma vanguarda feminista com o poder de retirar as mulheres dos lares para manifestações no espaço público, a exemplo do que ocorreu com as ativistas norte-americanas e as sufragistas inglesas. Rago (1991, p.79) considera que esse foi "o principal argumento misoginamente utilizado por jornais como *O Estado de S. Paulo*. Segundo ele, se as próprias mulheres não se mobilizavam para conseguir o direito de voto, é que de fato não o mereciam por não estarem suficientemente amadurecidas e conscientes".

Isso se deveu principalmente ao fato de que, no Brasil do início do século XX, para o contingente feminino, o primeiro passo para a conquista de maiores direitos revelou-se na possibilidade de apropriação de conhecimentos que transcendessem o privado. Enquanto os homens disputavam poderes no espaço público, mantinham-se as mulheres na penumbra doméstica e domesticadora, confinadas num espaço restrito que lhes tolhia a liberdade e a expansão de sua inteligência e de seu talento. Distantes dos olhares vigilantes da cidade e resguardadas pelo recato e pela própria ignorância, as mulheres constituíam uma parcela do mundo social urbano que, apesar de visível nas esferas mundanas e reprodutivas, era a grande ausente da vida pública, do campo científico e da produção. A submissão através da doutrinação religiosa era representada principalmente pela Igreja Católica, e a figura da Virgem Maria, ressaltada e tomada como exemplo, instalou o mito da mãe que redimia e perdoava, da mulher redentora que possuiria a mais absoluta pureza e espírito de sacrifício por ser isenta de qualquer pecado e a quem caberia a reprodução da raça. Derivou-se desse fato biológico uma ideia de superioridade moral, que, no entanto, não foi suficiente para proporcionar maiores direitos ao sexo feminino.

As ideologias veiculadas pelo positivismo e pelo higienismo encarregaram-se de manter a mulher no espaço doméstico e a impor-lhe regras de conduta que regulavam seu comportamento em limites estreitos. A educação positiva fez dela um anjo de bondade, redentora da família e da pátria, que, somente por obra meritória sua, firmar-se-ia entre as grandes nações do mundo. A educação higiênica revelou uma mulher contida e cerimoniosa segundo os padrões europeus, cabendo aos homens o desempenho de atividades ligadas às funções cerebrais e, a ela, as ocupações domésticas, desta vez orientada pelo uso da inteligência e atendendo aos preceitos higiênicos.

A mulher deveria cultivar-se para viver em sociedade e ser agradável ao homem, porém não poderia concorrer com ele profissional e intelectualmente, pois isso seria ultrapassar os limites da segurança social e ela representaria um risco se lhe fosse dado liberar-se economicamente do marido ou dos pais e tornar-se-lhe igual no intelecto. Em princípio, caberia a ela regenerar a sociedade e para isso precisaria ser instruída, mas de uma forma que o lar e o bem-estar do marido e dos filhos fossem beneficiados por essa instrução, que deveria reverter-se em benefício da família e, através desta, à pátria que se expandiria cada vez mais em seu desenvolvimento, alinhando-se com as grandes nações do mundo.

Apesar da inferioridade orgânica e intelectual atribuída às mulheres e que "era por elas demonstrada na vida cotidiana", a sua alma, seu caráter e a sua superioridade moral era o que mais importava. Para aperfeiçoar e aprimorar esse caráter, que, muitas vezes, revelava-se débil em decorrência de sua fraqueza orgânica, de seus humores, líquidos e secreções, aliados ao extremo desgaste de gestar e parir, era preciso que lhes fosse concedida uma educação que atendesse ao que delas se esperava em termos sociais e familiares. Desse ponto de vista, a educação escolarizada, enquanto veiculadora desses pressupostos, passava a ser cada vez mais importante para as mulheres. Mas, primordialmente, tinha de ser domesticadora para que não transcendesse os limites impostos pelas estruturas sociais. Nessa concepção de educação as mulheres poderiam ser educadas e instruídas, era importante que exercessem uma profissão, o magistério, e colaborassem na formação das gerações futuras. Não poderiam, porém, exercer profissões nas quais concorressem com os homens. Isso foi veiculado tanto pela imprensa educacional como pela imprensa feminina que concorreram eficazmente para promover mudanças nas mentalidades e nas posturas sociais acerca das mulheres no imaginário da época, infiltrando essas concepções nos lares, que agora passavam a receber do espaço público as informações externas. Através dos jornais e das revistas a domesticidade foi invadida e a imprensa foi decisiva para modificar lenta e sutilmente as expectativas acerca dos papéis sexuais.

No início do século XX, o Brasil ainda achava-se retrógrado no tocante à educação das mulheres. Apesar de haver uma Escola Normal nas várias unidades da Federação e esta ser frequentada por moças desejosas de instruir-se e educar-se, todos os níveis de ensino eram precários e não se permitia que as mulheres ingressassem nos cursos superiores.

A educação feminina, de marcada influência católica, processava-se principalmente nos colégios e internatos religiosos reservados às filhas das camadas privilegiadas. O pensamento conservador da Igreja Católica conseguia opor obstáculos à educação e profissionalização das mulheres sob o argumento da necessidade de se preservá-las moralmente e mantê-las ao abrigo dos desvios de conduta que o excesso de instrução poderia possibilitar.

A crença na inferioridade intelectual feminina, nos anos que antecederam a República, originava-se nessa recusa em educar as mulheres senão para as lides domésticas e para brilhar socialmente. Assíduas frequentadoras de saraus e salões de baile, aguardavam o futuro pretendente que as retiraria do lar paterno e lhes concederia o trono de rainha no novo lar que a sociedade erigia. Enquanto isso não acontecia, a ideologia burguesa intentava mantê-las confinadas no espaço doméstico, e essa domesticidade, preservadora da moralidade feminina, era desejada e mantida a todo o custo.

Positivistas e higienistas foram determinantes para conseguir alicerçar a concepção da mulher-mãe, guardiã dos lares, esposa extremosa, sublime e disposta a sacrifícios em nome de outrem. Definida essa missão, tudo o mais que se seguiu ideologicamente foi preservar o culto ao feminino e manter a mulher intocada dos efeitos nocivos da vida terrena, num espaço próprio, onde dominavam os sentimentos, a espiritualidade e a superioridade do coração sobre a razão.

A mentalidade dominante falava mais em educação do que em instrução,[8] o que era veementemente denunciado através dos periódicos femininos, editados principalmente no Rio de Janeiro e em São Paulo, criticando as normas sociais que impunham às mulheres comportamentos alijados da necessidade de um conhecimento direcionado para um ganho de autonomia. Essas normas derivavam das representações masculinas sobre o sexo feminino que se revestiam de ambiguidades, conforme é possível perceber na citação que segue, transcrita do jornal *A Família*, editado no Rio de Janeiro em 1890:

> Decreta-se simplesmente o estado de tutela e de inferioridade da mulher, a sua incompatibilidade para qualquer ato civil ou político do qual surgem todas as disposições de governo e de existência da sociedade; nega-se-lhe toda a instrução superior; chega-se, no desvario de um regime absurdo, delimitar-se-lhe o círculo e gênero de ocupações e, depois de tamanho insulto à lógica e da mais clamorosa injustiça, prosternam-se os homens aos seus pés, e em arroubos de imaginação desengonçada e pervertida, cantam-lhes as excelentes virtudes, as miríficas prendas e o não menos invencível influxo. (apud Bernardes, 1989, p.128)

---

8 Para Louro (1986, p.27): "O termo educação parece ser entendido de modo mais amplo e englobar uma formação ideológica, enquanto que instrução, provavelmente, se refere de modo restrito às informações, ou ao saber científico e cultural disponível num dado momento histórico".

Os representantes do positivismo, que se insurgiram contra igual educação para meninos e meninas através do sistema coeducativo e reiteraram a superioridade moral da mulher sobre o homem, ao adotarem um discurso que pregando o primeiro lugar para a mulher na hierarquia social também afirmava que a sociedade, a paz e a família dela dependiam, colaboraram para reafirmar a existência de mecanismos de discriminação. A mulher deveria ter consciência dos seus deveres e para isso precisaria ser educada com o objetivo de conscientizar-se de que sua função social centrava-se em ser filha, esposa e mãe, e seu verdadeiro destino, ser a formação do homem.

O fato é que essas normatizações não foram aceitas na sua totalidade e vozes femininas, ao findar o século XIX, levantaram-se contra as mentalidades arraigadas havia décadas e que alocavam às mulheres papéis secundários na hierarquia social, mascarados sob um discurso regulador acerca das determinações impostas a cada sexo.

A imprensa periódica educacional, escrita e dirigida por homens, ignorava as diferenciações sexuais no ensino e referia-se aos professores e às professoras de uma maneira uniforme e nas contracapas dos jornais e revistas os primeiros eram retratados frequentemente, enquanto o mesmo não sucedia com as mulheres que trabalhavam como professoras. Isso é digno de nota se atentarmos para que, em São Paulo do período republicano, a maioria feminina no magistério era um fato, o que se pode verificar na leitura do *Anuário de Ensino* (1911-1912, p.69), que registra em 1889 um número de mulheres maior do que o dos homens nas matrículas na Escola Normal (51 alunos e 64 alunas), e em 1912, na Escola Normal da capital, matricularam-se 172 rapazes e 768 moças e formaram-se nesse mesmo ano 24 professores e 120 professoras.

A Educação em São Paulo em fins do século XIX teve na revista *A Escola Pública* sua principal veiculadora. A revista possuía um teor eminentemente pedagógico e discutia métodos e processos de ensino, assim como conteúdos educacionais. Na sua fase inicial foi escrita por professores, tendo seu primeiro número saído em 1º de julho de 1893. Mais tarde foi mandada reimprimir pelo

MULHER E EDUCAÇÃO: A PAIXÃO PELO POSSÍVEL **123**

governo paulista aparecendo em um volume de 356 páginas, impresso em 1895 e, em 15 de março de 1896, ressurgiu novamente, dirigida por um grupo de professores primários que a sustentou até 1897, quando se extinguiu. Nesse período, estava sendo publicada em fascículos trimestrais que formavam dois volumes de mais de trezentas páginas (ver Catani, 1989, p.230).

No início do século XX, destacou-se a *Revista de Ensino*, publicada no período de 1902 a 1918 e dirigida ao professorado. Em 1925, a *Revista Escolar*, que circulou até 1927, seguida pela *Revista Educação*, que permaneceu de 1927 a 1961. A revista *Escola Nova* surgiu nos anos 30, representando a segunda fase da *Revista Educação*. Além dessas, em São Paulo, na década de 1940, a revista O *Estudante* viveu um curto período como um órgão dedicado aos professores e alunos e o periódico *Formação: Revista Brasileira de Educação*, publicado no Rio de Janeiro, possuía uma sucursal em São Paulo, situada à Rua Senador Feijó, n. 183, 5º andar, encarregada de sua distribuição. Essas revistas fazem referências à condição feminina, destacando o papel da mulher no magistério e a importância da missão a ela destinada nessa profissão.

A imprensa feminina desenvolveu-se nos grandes centros como Rio de Janeiro e São Paulo, num momento em que se redefiniam os papéis tradicionalmente atribuídos às mulheres na sociedade brasileira. As campanhas abolicionista e republicana mais as ideias liberais vindas do continente europeu e largamente disseminadas no período ensejaram a abertura de discussões sobre os direitos das mulheres, sua educação e inserção social. As oportunidades educacionais femininas a partir da segunda metade do século estavam expandindo-se e a imprensa europeia chegava ao país popularizando ideais de emancipação e direitos de cidadania para o sexo feminino por meio das reivindicações sobre o voto:

> A partir de meados do século XIX, a cidade do Rio de Janeiro presenciou o surgimento de uma infinidade de jornais e revistas dedicados à família e à mulher. Esse tipo de imprensa, meio de comunicação de grande importância na construção da esfera pública, dividiu com o livro o espaço das cestas de costura. No entanto, esses jornais não se limitaram a difundir os romances da época sob a forma de folhetins. Dirigidos à família e especialmente à mulher –

alvo de seu discurso e sua principal interlocutora – tornaram possível o desenvolvimento de um espaço cultural – através da imprensa – no qual a subjetividade originada na esfera íntima da família foi cada vez mais tematizada. (Bicalho, 1989, p.83)

Os anos iniciais do século, assim como as décadas seguintes, contaram com uma imprensa periódica feminina que não deixou de exigir maiores direitos para as mulheres, representados por mais educação e instrução, e era veiculada no país com uma certa periodicidade, em número suficiente e a preços acessíveis. As revistas e jornais vinham principalmente da Europa que, nesse momento, se agitava com os tempos de guerra. Embora o Rio de Janeiro representasse o polo cultural do país, São Paulo do início do século já se estruturava como a grande metrópole que viria a ser, e, em 1890, estava em terceiro lugar no país com 1.384.750 habitantes, logo depois de Minas Gerais e Bahia; em 1940, saltaria para o primeiro lugar, com 7.239.711.[9]

O artigo "São Paulo de ontem e de hoje", publicado na revista *Ella*[10] em abril de 1936, referia-se uma cidade que em 1902 denunciava a grande capital que viria a ser, afirmando que apesar da vida, do desenvolvimento comercial e industrial serem intensos, a cidade ainda cheirava a província. Na imprensa, estavam em circulação alguns periódicos e os jornalistas eram muito populares e apontados com admiração e respeito, principalmente por serem ainda tão poucos:

---

9 Dados de *O Estudante* (dez. 1943, p.20), publicação periódica mensal dirigida por Menotti del Picchia. O jornal informa ainda que, em 1890, Minas Gerais era o Estado mais povoado, com 3.184.099 habitantes, seguido pela Bahia, com 1.919.802, e São Paulo encontrava-se em terceiro lugar, com 1.384.750 pessoas. Em 1940, São Paulo já estava em primeiro lugar com 7.239.711 habitantes, seguido por Minas Gerais, com 6.798.647, e pela Bahia, com 3.938.909.

10 *Ella*, revista feminina, quinzenal, ilustrada, em artigo de abertura do seu número 1, publicado em 15 de abril de 1936, de autoria de Mário Guastini, ex--diretor do *Jornal do Comércio*. A revista era dirigida a um público de elite, impressa em papel de excelente qualidade e tinha como intenção suprir o mercado editorial brasileiro, que buscava suas principais revistas na Europa desde o início do século. Aparentemente, a revista fundada pelo conde de Navásquez teve curta duração, pouco mais de um ano. Tinha especialmente modas parisienses, seção de cinema, arte, contos, poesias, jardinagem, conselhos de beleza e culinária, entre outros.

Na imprensa contavam-se quatro matutinos e três vespertinos. Os jornalistas eram figuras populares que todos apontavam com admiração e respeito, tão reduzido o seu número. E as revistas? Uma ou outra, esporadicamente, dava os ares da sua graça. Também não eram necessárias. As estrangeiras custavam uma bagatela. Vogue, Femina, Le Miroir e tantas outras, dentre elas as da Argentina, contavam assinantes inúmeros. E mesmo que não fosse possível obtê-las, não faziam falta. Todos quantos se pudessem interessar pelos seus conselhos viviam constantemente nos grandes centros da elegância europeia. (p.2)

Nos anos após as duas guerras tudo havia mudado e ir à Europa não era mais tão fácil para os membros da sociedade paulistana. O lançamento da revista *Ella*, dirigida às senhoras ricas e elegantes, iria suprir a ausência das estrangeiras que na década de 1940 tinham um preço muito alto. Escrita, dirigida e composta por membros da elite paulistana, com maioria de artigos escritos por homens, *Ella* era uma publicação mundana, leve e veiculava valores tradicionais, como se pode verificar no artigo denominado "A coroa de glória" da mulher, do número de 30 de maio de 1936, também de autoria do ex-diretor do *Jornal do Comércio*, Mário Guastini, um de seus mais assíduos colaboradores. O autor referia-se a dois contendores discutindo a diferença entre homens e mulheres, Jen Finot e Sighele. O primeiro abordava as diferenças biológicas entre os sexos, afirmando que as características dos dois eram iguais e que isso tinha sido provado através do exame do cérebro de uma mulher que fora doado aos cientistas nos Estados Unidos. O outro dava sua opinião sobre as questões levantadas pelo feminismo, considerando que o movimento

não quis ter em conta a verdade científica demonstradora da diferença psicológica e intelectual entre o homem e a mulher, nem compreendeu a grande utilidade social, nem a profunda poesia humana desta diferença. Sonhou identidades matemáticas entre os dois sexos, as quais, por fortuna, não são verdadeiras, pois, se o fossem, a vida perderia toda a alegria e toda a fascinação ... A ciência não disse que a mulher é inferior ao homem: a ciência demonstrou que a mulher é DIFERENTE do homem ... Não seria melhor, ao em vez de cansar-se no combate a essas superstições, recordar que é a própria ciência a afirmar que se a mulher não alcança as culminâncias intelectuais atingidas pelo homem, certamente o supera na genialidade do sentimento e no ardor do sacrifício? (*Ella*, 30.5.1936, n.3)

O colaborador da revista, nesse ponto, colocava sua opinião e arrematava suas considerações dizendo que concordava que não havia diferenças no cérebro de homens e mulheres mas,

> melhor seria que a mulher voltasse a ser, como o foi em outros tempos, uma austera dona de casa ... Assim, talvez, a presentemente chamada crise do amor ficaria reduzida a uma crise da educação feminina... O homem afasta-se cada vez mais do matrimônio porque a educação da mulher se afasta cada vez mais daqueles princípios e daqueles sistemas sobre os quais se fundaram, uma vez, as famílias felizes. Volte-se aos velhos hábitos e, com estes, voltará o matrimônio. Nada, pois, de discutir-se a igualdade biológica. A mulher reconquistará o seu antigo esplendor e o seu antigo e formidável prestígio no mundo, regressando ao passado, sem, está visto, o rigor, hoje ridículo, da saia balão, do espartilho martirizante, do corpete justo e da furlana. (ibidem)

Em outro artigo do mesmo teor, denominado "Quando a mulher triunfa", de autoria de Olavo de Arruda Botelho de Campos, este lamentava a perda do romantismo dos velhos tempos, quando era proibido às mulheres o gosto pelo esporte e viviam prisioneiras, enclausuradas nos antigos solares, onde dominavam somente os homens, "sabedores de sua força e de sua responsabilidade". Segundo o autor, nos tempos que corriam, a mulher estava cada dia mais e mais ausente do lar e do seu verdadeiro papel social, e as esportistas, que "hoje em dia faziam de tudo", além de estarem envolvidas em várias outras atividades nas quais disputavam espaço com os homens, contribuíam para que a luta entre os sexos persistisse:

> A jovem poética e romântica de 1830 morreu... levando consigo toda a bela figura de mulher, daquela mulher companheira, daquela mulher... bem mulher. E hoje que é que vemos? Na parte política, a alta projeção das "leaders" femininas galgando continuadamente novas posições. Nos sports, sim... nos sports, que apreciamos? As novas conquistadoras a postos! ... Entretanto, Eva será feliz? Conhecerá como antigamente a alegria de viver? A satisfação que sómente os que amam encontram pela vida? Creio que não ... Eva domina as

alturas, tornou-se conquistadora de todas as melhores glórias, desbancou muitos homens de sua supremacia, arrebatando-a, sorriu das tradições passadas ... Mas ... com toda essa vida de gloriosas escaladas, Eva esqueceu-se de uma cousa ... Cuidou-se demasiadamente de si, não se tornando a mesma daqueles tempos que vão longe ... Hoje ... bem triste me torna dizê-lo, a mulher não é bem mulher... (15.8.1936, n.6)

O imaginário masculino acerca da figura feminina continuou prendendo-se aos padrões tradicionais que nem o pós-Primeira Guerra nem as mudanças sociais intentaram diluir. Atente-se porém para que, no Estado Novo, o regime político cerceador das liberdades individuais era uma realidade, mas sempre deveria haver vozes dissonantes, o que na revista não aconteceu em sua curta existência. Ao referirem-se ao feminismo, contrapunham-no à feminilidade, "qualidade que deveriam ter todas as mulheres" e classificavam o movimento como um fator de desequilíbrio social. Esse desequilíbrio revelava-se ao incutir nas mulheres ideias pouco apropriadas ao seu sexo e ao que delas se esperava em termos sociais e familiares, além de estar em oposição à natureza espiritual do povo brasileiro:

> Realmente, paradoxal e contrastante como a própria alma da mulher, o fenômeno se desenvolve numa dialética impressionante de afirmação e negação, com a sua tese, a feminilidade, a sua antítese, o feminismo, sem contudo, se fundir na terceira fase proposta pela filosofia hegeliana, a síntese, única que o explicaria e lhe revelaria o verdadeiro sentido. Partindo de premissas falsas, o feminismo – tal como se desenvolve atualmente entre nós – só pode produzir o desequilíbrio social, pela ruptura violenta de nossas tradições e, principalmente, pelo profundo antagonismo existente entre a sua própria natureza, materialista e utilitária, e as tendências marcadamente espiritualistas que sempre constituíram o mais valioso patrimônio do nosso povo. (30.6.1930, n.5)

A imprensa feminina brasileira teve no Rio de Janeiro seu principal centro de desenvolvimento, embora outros estados também possuíssem suas revistas escritas por mulheres. Em fins do século XIX, surgiu uma imprensa feminina dedicada aos interesses das mulheres, como *O Bello Sexo* (1862); *Echo das Damas*

(1879); *A Família* (1889); *O Jornal das Senhoras* (1852). Em Minas Gerais, Francisca Senhorinha da Motta Diniz publicou *O Sexo Feminino* (1873) e no ano seguinte surgiu *O Domingo* (1874), fundado por Violante Atabalipa Ximenes de Bivar e Vellasco, e outro editado em Recife, *Myosótis* (1875), de Maria Heraclia.

> Os títulos sucediam-se. Entre a moda e a literatura, duas incentivadoras da fantasia, a imprensa feminina brasileira caminhava. Com nomes de flores, pedras preciosas, animais graciosos, todos metáforas da figura feminina, ou mencionando a mulher e seus objetos, tivemos no Rio, São Paulo e outras cidades, *A Camélia, A Violeta, O Lírio, A Crisálida, A Borboleta, O Beija-flor, A Esmeralda, A Grinalda, O Leque, O Espelho; Primavera, Jornal das Moças, Eco das Damas* e assim por diante. (Buitoni, 1986, p.40)

Além desses, um periódico ilustrado de literatura e belas artes voltado para os interesses e direitos da mulher brasileira foi publicado em Nova York em 1881, por brasileiras lá radicadas (ver Bernardes, 1989). Esses são os mais conhecidos, possivelmente poderão ter surgido outros no território nacional que ou ainda não foram localizados ou se perderam.

Dentre as principais revistas escritas e dirigidas por mulheres em São Paulo, além de *A Mensageira* e da *Revista Feminina*, surgiram algumas publicações menores, de duração efêmera, como *O Mundo Feminino*, de 1916; *A Voz Maternal*, de 1903; *O Leque* e *A Violeta*, de 1887. Essas revistas publicaram artigos referentes à emancipação feminina e à necessidade de as mulheres instruírem-se e educarem-se, mas não eximiam o sexo feminino do *"dever sagrado de mãe e da missão educativa da mulher"*.

A IMPRENSA E A SITUAÇÃO SOCIAL E PROFISSIONAL DO PROFESSORADO PRIMÁRIO

No Brasil, nas primeiras décadas do século XX, apesar do discurso dos educadores e intelectuais, que buscavam nobilitar o magistério primário atribuindo-lhe características que mais o aproximavam de um sacerdócio ou de uma missão do que do trabalho assalariado, podem-se encontrar escritos que demonstram que os professores não somente reclamaram dos baixos vencimentos da categoria, como procuraram organizar-se em associações para poder fazer frente às discussões salariais.

A situação profissional do professorado primário nas décadas iniciais do século, em que pese o propalado prestígio advindo do conhecimento intelectual do qual se julgavam portadores, não impedia que a categoria fosse extremamente mal remunerada. Qualidades relacionadas ao ato de ensinar, como amor à profissão, vocação, missão, dever sagrado, sacerdócio, eram propaladas como a principal qualificação profissional, assim como era reiterada a importância da função social da educação e do magistério fundamental. Segundo os próprios professores, essa função social não era reconhecida e eles eram não só mal pagos, mas também vítimas de preconceitos e abusos por serem, nos tempos que corriam, ainda considerados como os mestres-escolas da época das escolas régias.

Além de não obter consideração social como recompensa pelo trabalho importante e missionário que fazia, a categoria ainda encontrava resistências em algumas localidades: "em muitas, a hostilidade é surda; e, em outras, ela é feita abertamente e se manifesta por denúncias anônimas ou por exigências, algumas vezes imprudentes dos chefes políticos aos poderes públicos" (*Revista de Ensino*, ago. 1903, p.206).[11] Talvez residisse aí o desânimo que acabava por se abater sobre os professores e que os impedia de se aperfeiçoar na profissão, denunciavam. Por isso também eram poucos os que se dedicavam com afinco ao ensino, o que era perfeitamente justificável, pois esse professor "não encontra na sociedade em que vive aquele acatamento e aquele prestígio que merece, porquanto faltam ainda ao espírito público o alcance e o discernimento para determinar a posição social de um

---

11 Nesse mesmo número o articulista Gabriel Ortiz ainda comenta: "Quem, pois, para sua família garante o pão de amanhã? Como estancar dos olhos da terna esposa a lágrima que borbulha à hora do desespero? E a tranquilidade do lar, como restabelecer?". Daí se depreende que o autor está se referindo aos homens no magistério, pois fala a respeito da esposa. Fica, pois, a questão: se as mulheres já eram maioria na profissão, por que a referência apenas aos homens?

educador" (jun. 1912, p.71). Como desempenhar satisfatoriamente sua *missão*, se eram constantemente desvalorizados e mal remunerados pelo poder público que, além de lhes manter parcos rendimentos, chegara ao extremo de redução de 10% a 20% do salário já tão minguado?

O Artigo 126 do Regimento da Lei de 8 de setembro de 1892 havia assegurado aos professores públicos, depois de dez anos de trabalho efetivo, uma melhoria da quarta parte dos seus vencimentos; no fim de quinze anos, de mais uma terça parte, e, no fim de vinte anos, mais da metade. Tais prerrogativas tinham sido consequências da retirada da sua aposentadoria. Nove anos depois, em 1901, a menos de um ano de os professores desfrutarem os benefícios, estes foram inexplicavelmente retirados, daí a revolta do professorado, manifestada na revista: "Por que nova redução nos vencimentos?", perguntavam. "Já não haviam dado sua cota de sacrifícios ao Estado, que além de tudo proibia que os professores exercessem outras atividades, fossem ou não remuneradas, além das aulas particulares?"

As reclamações sobre vencimentos parecem ser uma constante junto ao professorado ao longo das décadas. Em 1903, discutiu-se que sem aposentadoria ou vencimentos melhores, e sem poder trabalhar em outras atividades para sustentar o lar e a família, os professores mantinham-se com os

> braços amarrados pela ameaça de uma punição; tolhido completamente em sua atividade, mas também desesperado por ver faltar à família o indispensável bem-estar que todo homem válido deseja dar aos seus, o atual professorado público, que tanto levou o nome e a grandeza de São Paulo, ou há de descurar ou abandonar o magistério, ou há de ficar reduzido a uma vida cheia de dificuldades e de vicissitudes, tendo de lançar mão de expedientes quase sempre incompatíveis com o seu elevado ministério. O professor não pode ser um pária. (out. 1903, p.312)

Aparentemente, a discussão acerca da redução dos vencimentos arrastou-se por vários anos e, em 1909, a revista apresentou uma matéria sobre as razões finais nas ações propostas no Juízo dos Feitos da Fazenda por diversos professores do Estado de São

MULHER E EDUCAÇÃO: A PAIXÃO PELO POSSÍVEL   131

Paulo, em que se discutiu o caráter vitalício dos professores e a questão salarial. O arrazoado apelava para diversas leis e regulamentos que mostravam que o professor público seria vitalício após trabalhar por sete anos no magistério ou, então, ter prestado concurso, segundo lei de 1862.[12]

Em março de 1916, a revista tocou novamente no assunto, denunciando que ainda não fora possível restabelecer o poder aquisitivo do professorado, e, até o ano de 1918, apesar das reclamações da categoria, os vencimentos continuaram insuficientes, sendo motivo de constantes apelos ao governo através dos representantes políticos no Congresso, como mostra um veemente discurso de Piza Sobrinho, quando se dirigira ao presidente para reclamar melhores remunerações aos professores públicos, alegando que os salários recebidos não mais bastavam para as despesas básicas e necessidades mais urgentes da vida por estarem situados ainda em patamares iguais aos do ano de 1891. O autor denunciava que, mesmo há 28 anos, esse salário já era insuficiente e, para acentuar a pobreza da categoria, no ano de 1905, estes tinham sido rebaixados em 15%, apesar do Decreto n.1.239, de 30 de setembro de 1904, já haver estabelecido uma tabela ainda inferior aos infelizes educadores que fossem nomeados a partir daquela data – como era possível que os professores se devotassem exclusivamente ao sacerdócio da educação popular?[13]

O fato é que, apesar de se veicular um imaginário de professorado devotado à educação e desenvolvendo um verdadeiro sacerdócio, esse ideário não eximia da categoria profissional o desejo de ser bem remunerada. Nessa ideologia do magistério como sacerdócio jazia implícita uma ambiguidade: era uma profissão

---

12 Artigo 30 da Lei n.690, de 19 de maio de 1862, em referência ao artigo 23 da Lei n.551, de 7 de maio de 1856 e ao artigo 7 da Lei n.413, de 2 de julho de 1850. *Revista de Ensino*, mar. 1909, n.1.

13 "Se quisermos ter, portanto, bons e dedicados professores, não precisamos, se não pagá-los fartamente, ao menos não permitir que abandonem como está acontecendo, a profissão de si espinhosa que, por inclinação, hajam abraçado, para ir buscar outro trabalho mais remunerado, o que talvez lhes não seja difícil. Esse fato é comprovado pela verdadeira deserção dos moços das nossas escolas normais, e pelo número elevado de professores, já em exercício, que se estão exonerando diariamente" (idem, jun./dez. 1918, p.208).

que exigia vocação e deveria ser exercida como missão, porém a remuneração precisava ser compatível com a sua importância social, na qual jazia implícita uma concepção de educação popular capaz de operar mudanças sociais e resolver os males da sociedade. Apesar da profissão estar voltada para o bem público e assumir contornos de uma quase sacralidade no seu desempenho, isso não alijava do magistério a necessidade de vencimentos condizentes com o valor social a ele atribuído, conforme reivindicava Gabriel Ortiz:

> sou dos que entendem que o professor deve secretamente contribuir para o bem público, sem esperar recompensas de espécie alguma, a não ser a da satisfação que lhe fica na alma de ter cumprido seus deveres com pontualidade, patriotismo e abnegação. Mas nem por isso deixo de ser do número daqueles que entendem que o estado nos deve o respeito de nossos direitos e a proteção de nossos interesses legítimos ... Daí o não ser de estranhar que as melhores aptidões já não aspirem lugar no magistério oficial; que outros o deixem ou façam da escola ponto de transição para outras carreiras literárias, quando não a fazem de meio de vida. (out. 1902, p.1057)

Com a criação das escolas normais e havendo suficientes professores diplomados, foram baixados, em 1887, regulamentos que objetivavam distinguir entre os professores normalistas e os não normalistas. Se estes últimos fossem efetivos teriam iguais regalias que os demais, porém, os professores formados pelas escolas normais sempre tiveram preferência na hora de escolha de cargo em alguma escola.[14] As escolas normais, no início do século, foram objeto de intensa procura pelos dois sexos e sua matrícula depen-

---

14 De acordo com o artigo 19 da Lei n.81, de 6 de abril de 1887, e do Artigo 119 do regulamento de 22 de agosto do mesmo ano, seriam vitalícios todos os professores normalistas, três anos depois de estarem regendo classes, e os não normalistas, três anos depois que tivessem prestado exames e sido aprovados nas matérias do 1º grau (idem, p.8). A revista publicou ainda nesse mesmo artigo discurso do senhor Candido Mota e do senhor Antonio Mercado acerca do regulamento que intentava reduzir os vencimentos dos professores na Câmara dos Deputados, posicionando-se contra a arbitrariedade de tal regulamento e apontando a injustiça que vitimava a categoria. A emenda em questão era de autoria de Herculano de Freitas e que foi convertida no Artigo 18 da Lei n.896, de 30 de novembro de 1903 (idem, p.14).

MULHER E EDUCAÇÃO: A PAIXÃO PELO POSSÍVEL   133

dia do candidato ser aprovado em exame de suficiência perante uma banca de examinadores pertencentes ao corpo docente da escola. Esse ingresso, "devido à extraordinária concorrência de candidatos, ganhou ultimamente os foros de verdadeiro concurso, por isso que, sendo limitado a 42 o número de lugares em cada primeiro ano, só são aceitos à matrícula os 42 candidatos de cada sexo mais graduados em notas" (abr. 1902, p.23).

O discurso da exaltação do magistério para ambos os sexos impregnava as mentalidades acerca de ser professor e professora, pois havia verdadeiramente uma real procura pela Escola Normal, o que também se deveu à ausência de outros tipos de cursos que pudessem estar ao alcance do segmento médio. Para as mulheres, a grande demanda pelo curso de formação de professores centrava-se em ser esta a única possibilidade de escolarização e profissionalização no período. Assim, o discurso normativo passou a ser acatado como forma de vencer barreiras sociais e resistências do segmento masculino.

Em 1902, o professor José Feliciano de Oliveira, no discurso que fez como paraninfo dos professorandos, realçou esse "dever sagrado", principalmente para as jovens futuras professoras, exaltando as mães e comparando o magistério feminino à maternidade, mesmo considerando que os atributos de nobreza e missão da profissão independiam do sexo de quem a exercesse (out. 1902, p.1101). Porém em toda sua história, o magistério primário foi uma profissão que sempre permaneceu desvalorizada em termos salariais e sociais no panorama educacional brasileiro, apesar de ainda haver uma certa crença a respeito dos áureos tempos em que ser professor ou ser professora era sinônimo de prestígio e poder.

A análise da imprensa periódica educacional brasileira mostra uma categoria docente preocupada com os rumos da Educação no país e com a profissão que estava perdendo o já precário poder aquisitivo cada vez mais rapidamente. Esse professorado acreditava no poder da educação como força renovadora e possuidora de um potencial transformador que, devidamente desenvolvido, seria determinante para impulsionar o país no cenário internacional e, mesmo atribuindo ao magistério, no plano simbólico, uma sacralidade missionária esculpida na vocação, não descuidava da ideia que a profissão deveria ser bem remunerada em vista da sua grande importância social para a nação. Nessa imprensa, a presença das mulheres passava quase despercebida e, nas revistas e jornais dirigidas pelos homens, raras foram as ocasiões em que apareceram como autoras de artigos ou em que foram homenageadas.

A tônica da imprensa educacional caracterizou-se o mais das vezes por denunciar a desvalorização salarial da profissão mesmo quando exercida pelos homens, o que indica que essa desvalorização não acompanhou o fenômeno da feminização por ter sido anterior a ela. Se esta última não tivesse ocorrido, também não se poderia afirmar com certeza que hoje a carreira docente seria detentora de melhores salários.

A IMPRENSA E A EDUCAÇÃO FEMININA EM SÃO PAULO

A educação das meninas das camadas populares no Brasil até meados do século XIX, segundo consenso entre os historiadores da educação brasileira, resumia-se às prendas domésticas e ensino de primeiras letras. Enclausuradas no universo doméstico desde o período colonial, os tempos do Império e os ares de modernidade que a Corte Portuguesa pretendeu trazer ao país em quase nada modificaram a situação feminina e as mulheres continuaram a ser mantidas na ignorância, cabendo-lhes poucos direitos de cidadania. Nas décadas seguintes, o processo de urbanização e industrialização e a emergência de uma camada média, com a consequente penetração da cultura burguesa, ampliaram as fronteiras do acanhado mundo neocolonial e ensejaram uma mudança, ainda que parcial, nas mentalidades acerca da educação e do papel das mulheres na sociedade que se expandia.

São Paulo era a província que mais estava se destacando no processo de urbanização e industrialização e principiava a diferenciar-se das demais do Brasil em termos de desenvolvimento socioeconômico. Apesar desse surto de progresso, as mentalidades mantinham-se vinculadas ao tradicionalismo lusitano e educar as jovens significava geralmente ensinar-lhes corte e costura, culinária, religião e algumas normas de sociabilidade, pois se considerava que ler e escrever pouco lhes valeria no futuro. Para as mulheres, bastava a assinatura do nome e um pouco de leitura do missal, sendo perda de tempo que as meninas se dedicassem a aprender coisas que poderiam ser-lhes prejudiciais e descuidassem do que era realmente importante, como cuidar da casa e dos filhos.

As filhas da oligarquia paulista recebiam um tipo de instrução semelhante, com o destaque que as prendas domésticas eram acrescidas de uma certa instrução artística, uma leve cultura literária e as normas de etiqueta essenciais para o convívio social. Sua educação, normalmente, processava-se nas residências com o concurso de professores estrangeiros e brasileiros ou em escolas particulares, estando atrelada ao ranço conservador herdado da antiga Metrópole. Mesmo com o advento das ideias modernas, a oligarquia paulista aliou-se ao catolicismo ultramontano e aos estreitos limites que este traçava para o sexo feminino, segundo os quais a educação não poderia transpor as rígidas fronteiras do tradicionalismo e da religiosidade (ver Manoel, 1996).

Na segunda metade do século XIX, as primeiras manifestações femininas no plano político e ideológico, ao reivindicarem educação, instrução e privilégios sociais como o direito de exercer uma profissão, além do direito ao voto, traçaram um novo desenho nas esferas sociais. Foram reivindicações surgidas no seio das oligarquias e contaram também com o apoio de homens intelectualizados pertencentes a essa classe social. Nessa esteira também surgiram publicações femininas em defesa desses direitos, num movimento liderado por mulheres que pretendiam conquistar mais liberdade individual e social. O movimento, embora localizado nesse segmento social, não tendo se estendido para outras esferas, mesmo assim significou uma notável transgressão dada a arraigada mentalidade da oligarquia a que pertenciam e que, certamente, sentiu-se ameaçada com as contestações femininas, mesmo que algumas vozes masculinas tenham se levantado em seu apoio. Foram poucas mulheres, é verdade, mas conseguiram abalar alguns alicerces solidamente enraizados e promover debates numa sociedade que nunca considerou a presença feminina, a não ser como ornamento de salões.

A imprensa feminina fortaleceu-se durante as contestações à Monarquia e a partir da proclamação da República. Muitas mulheres, entre elas algumas professoras primárias, escreveram aos jornais reclamando por mais instrução feminina, escolas para as meninas e moças e educação igual para os dois sexos, além de reclamarem o direito de todas as mulheres poderem exercer uma profissão e a concessão do voto.

Os tempos republicanos e o final do século mostraram uma mudança gradativa das mentalidades femininas. Apesar de ainda considerarem o lar como o real espaço para as mulheres e o casamento sua garantia de felicidade, estas principiavam, gradativamente, a questionar esses valores. Afinal, séculos de dominação não seriam extintos tão facilmente, apesar dos novos valores políticos e sociais que se impunham no alvorecer do novo século.

O artigo de Bernardes (1989), "A República brasileira em jornais femininos da época (1889-1890)", apresenta textos escritos por mulheres e publicados nesse período em dois jornais femininos no Rio de Janeiro, alusivos à proclamação da República, e revelam o interesse e o envolvimento das mulheres na política, fenômeno até há pouco tempo não divulgado pelos historiadores. Por exemplo, o jornal *A Família* noticiou em 7 de dezembro de 1889 que:

> em sinal de regozijo pela proclamação da República Brasileira, foram de Campinas à Capital do Estado vizinho em um deslumbrante préstito 150 senhoras que desembarcaram na estação da estrada de ferro com todo o aparato ... A ideia de associarem-se as senhoras às festas cívicas da República foi muito feliz, demonstrando que não somos mais indiferentes aos destinos da nossa querida pátria como supunha a nossa condição de inércia e indiferentismo a que estávamos condenadas por preconceitos de educação. (p.27)

Esse discurso trazia implícito o questionamento da condição feminina e de uma identidade construída em cima dos papéis familiares e da capacidade reprodutiva das mulheres, procurando valorizá-las como atores sociais capazes de participar da esfera política do país. Acreditava-se que a intervenção feminina possibilitaria a permanência e disseminação de uma ação moralizadora no seio da sociedade e serviria para manter a unidade da família e da pátria, enfatizando ainda que a função materna não era apenas biológica, mas também social e patriótica. Nessa identidade feminina situava-se uma representação da mulher burguesa educada que havia se radicado nas cidades, abandonando as distantes fazendas, sua antiga morada e que, agora, transitava regularmente no espaço público.

No ambiente urbano e industrializado em que puderam dar os brados iniciais pela emancipação que ainda demoraria a ser alcançada, sua educação revestiu-se de grande importância. Isso porque, para atuar significativamente nessa nova sociedade, exigia-se uma nova mulher capaz de reivindicar seus direitos e questionar seus papéis, os quais não descuidavam do trato materno e doméstico. Essa era a via através da qual poderiam conquistar o espaço público, isto é, valorizando seu trabalho no lar e pela grande responsabilidade de educar as futuras gerações. Assim, as mulheres, ao reivindicar o espaço público, ressaltaram a importância do privado na vida dos homens, revelando uma ambiguidade revestida de conflitos. A competência no lar era determinante para a competência profissional e para a relevância da participação política; para isso, a instrução impunha-se como a grande prioridade.

O desenvolvimento da imprensa escrita por mulheres foi uma decorrência dessa ambiguidade e das tensões do período, configurando um momento em que o recato e a privacidade do mundo da casa passaram a ser expostos publicamente. Para a aquisição de uma maior visibilidade feminina e o reconhecimento de sua importância nos rumos da sociedade moderna e urbanizada, o papel dessa imprensa foi determinante, mostrando que havia em todos os lugares uma insatisfação que necessitava ser sanada. Os mecanismos de desigualdade foram duramente questionados, havia agora uma nova missão feminina a ser cumprida e nisso encontraram amparo no higienismo e no positivismo, principalmente. Para Bicalho, "a imprensa feminina foi cúmplice desse discurso. Imbuídas de seu novo papel, tanto no interior da família, quanto na sociedade como um todo, algumas mulheres lançaram-se, através da imprensa, à esfera pública, na defesa de sua nova missão. Sua principal reivindicação, segundo os preceitos do liberalismo que informava sua visão de mundo, era o reconhecimento de sua posição de igualdade em relação ao sexo masculino, conquistada através da educação" (1989, p.85).

A emergência dessa nova mulher, necessariamente, deveria vir acompanhada de uma educação adequada que a preparasse para os cuidados com o lar e lhe possibilitasse uma inserção no campo profissional. Apesar disso, não foram poucos os que opuseram-se ferozmente à ideia de mulheres instruídas e profissionalizadas, principalmente os pertencentes ao catolicismo ultraconservador, que via na ascensão feminina à instrução uma ameaça. O mesmo era compartilhado pelo clero e, na luta contra a laicização do ensino, a Igreja Católica insurgiu-se contra o regime coeducativo introduzidos pelas escolas americanas protestantes. A estratégia adotada pela Igreja foi a criação, para o sexo feminino, do sistema de internatos destinados às filhas das oligarquias e da classe média alta que já havia se delineado no cenário social e econômico do país.

Em estudo sobre esses colégios católicos, Manoel (1996) aponta para a sua grande aceitação pelas oligarquias paulistanas que consideravam os internatos competentes para resolver alguns problemas básicos: era uma proposta educacional que não atentava contra o tradicionalismo patriarcal da sociedade paulistana; o ensino não estava comprometido com as ideias modernas que tanto assustavam as oligarquias; representavam segurança para as famílias que desejavam que as filhas estudassem fora de casa e permitiam às moças o ingresso na vida religiosa, que era um dos mais caros ideais das famílias patriarcais paulistas. Os colégios católicos representavam o entrecruzamento de três forças sociais: a Igreja, o Estado e a Oligarquia; e a imprensa católica, mantida pela Igreja e coerente com seu conservadorismo a respeito do sexo feminino, foi contundente na sua recusa em libertar a mulher pela via da instrução.

Essa concepção tinha seguidores, tanto que, em 1903, Porfírio de Aguiar, em artigo sobre as mazelas do feminismo, publicado na *Revista Santa Cruz dos Irmãos Salesianos*, indignava-se com algumas mulheres que pretendiam cursar a Faculdade de Direito de São Paulo e também desejavam ser eleitoras, apontando o movimento feminista e o desejo das mulheres de seguir uma profissão

MULHER E EDUCAÇÃO: A PAIXÃO PELO POSSÍVEL   139

como responsáveis pela corrupção da sociedade e, consequentemente, da moralidade. De acordo com as ideias expostas pelo autor, a profissionalização feminina e a concessão dos direitos cívicos, como queriam as mulheres, seriam fatores de desestabilização social e um atentado às recomendações da religião, dado que as leis naturais e divinas tinham estabelecido o lugar da mulher no lar, e o dos homens, no espaço público. Subverter essa ordem, permitindo o trabalho e o voto feminino, seria desobedecer a Deus. Assim, a educação diferenciada para meninos e meninas não poderia alterar-se por ser fundamental para a estabilidade social que a mulher recebesse uma educação inferior à do homem.

Em 1902, a *Revista de Ensino* apresentou um artigo assinado pelo pseudônimo de Jenny Maia,[15] surpreendente pelo seu conteúdo e que fugia ao padrão costumeiro dos escritos da época acerca do desempenho feminino no magistério. Sua excepcionalidade situa-se no fato de não exaltar a profissão; muito pelo contrário, era cáustico em sua opinião, desalentador e até preconceituoso. Da visão positiva empregada pelas mulheres esta era uma exceção deveras intrigante e fugia à rotina das expressões femininas. O artigo intitulado "Normalistas" refere-se às "pobres moças solteiras" que após um período sacrificado para obter o diploma de professora, submetendo-se a um programa cansativo de "pedagogias, mecânicas, astronomias e cartografias, além do latim", enfrentavam as solenidades da formatura na qual o "professor mais simpático" descrevia a escola como o "prolongamento do lar, onde a professora, como mãe extremosa, procura de cada criança fazer um bom cidadão útil, vigoroso, honesto, que corresponda às esperanças da Pátria!". E continua nesse mesmo tom:

---

15 Catani (1989, p.136), ao referir-se a esse artigo, observa que o autor era homem, apesar do pseudônimo feminino, e em agosto de 1902 a revista publicou um texto com esse mesmo nome, agradecendo a colaboração do "ilustre literato, que usa do modesto pseudônimo, que intitula esta notícia", e espera que o "espirituoso autor" volte a colaborar. Essa colaboração era possivelmente o artigo "Normalistas", "no qual há um tom geral de desqualificação do trabalho docente, mas eivado de uma suposta piedade no que respeita às mulheres. Consideradas 'pobres normalistas', atormentadas por uma formação da qual aproveitam pouco e que as põem, segundo ele, em sobressalto".

Após a formatura começa a verdadeira luta da professora em obter uma cadeira, dado que a maioria não veio estudar por mero luxo, mas porque precisava sobreviver. Todas querem uma colocação nos Grupos Escolares da Capital, pois não se resignam a ir trabalhar longe no interior. Porém o máximo que podem conseguir é uma escola em uma estação de estrada de ferro ou em um bairro qualquer. E aí teremos uma moça solteira, bem educada, mas naturalmente fraca, a viajar sozinha todos os dias, sujeita aos desaforos dos mal-criados, ou às eventualidades de uma viagem, embora curta ... Felizes aquelas que lá mesmo na escola encontram o esposo, que lhes será companheiro para educar e ensinar não só os filhos dos outros, como os próprios filhos! A solução única é procurar um marido, que a am-pare, que a proteja, e que possa mais facilmente conseguir, por sua influência eleitoral, melhoria de condições para a professora dester-rada. Os quatrocentos mil réis atraem os pretendentes, e não faltará quem queira ter a profissão de marido de professora, para viver de seu ordenado, sem fazer coisa alguma. (out. 1902, p.924)

Concepção similar também pode ser encontrada no já citado romance *O calvário de uma professora*, de 1928, que apresenta a mesma visão negativa acerca do magistério feminino e do desem-penho da profissão. O livro é veemente em ressaltar as qualidades e a dedicação das professoras e em classificar os inspetores e dire-tores, ocupantes dos cargos de chefia na educação, de incompe-tentes, arrogantes, ignorantes e outros epítetos pouco qualificativos. O livro descreve como as professoras, sempre dóceis e dedicadas, eram enviadas aos piores lugares, às escolas mais distantes, onde eram maltratadas pelos "colonos ignorantes" e detestadas pelos pais dos alunos que não os queriam na escola por necessitar do seu trabalho na lavoura. As professoras, apesar dos seus conhecimen-tos pedagógicos e competência profissional, não eram adequada-mente remuneradas, nem tinham seu trabalho reconhecido. Outro aspecto que chama a atenção no livro é o racismo e a xenofobia explícitos referindo-se, de forma depreciativa, tanto às pessoas de outras raças como aos imigrantes que trabalhavam na zona rural. O preconceito também é veiculado em relação aos serviçais, de-monstrando uma ideologia de classe bastante acentuada.

Em 1910, a *Revista de Ensino* publicou um interessante artigo assinado por F. A. Berra, descrito como "eminente pedagogista e escritor sul-americano". O artigo foi traduzido da publicação *Es-*

cuela Peruana, com o título: "Se as mulheres são preferíveis, ou não, aos homens para dar aos meninos a instrução primária", em que o escritor faz referência ao sistema europeu, "no qual existe um grande número de homens que ocupam-se de profissões pouco lucrativas, embora estejam melhor preparados para cargos bem remunerados" dedicando-se ao ensino primário. Como a oferta era maior do que a procura,

> encontram colocação com preferência os que revelam qualidades especiais, adequadas ao papel do educador. A isto e ao fato de ocuparem-se as mulheres simultaneamente em numerosas classes de trabalho, sem poder fazer regularmente um curso tão longo e difícil, como o do magistério, se deve que sejam os homens quem, quase exclusivamente, ensinam aos meninos os graus superiores do programa escolar, e que, em muitos lugares, ensinem também eles os graus inferiores, não só nas escolas de meninos, como nas mistas. A vocação desses professores é tal que é apenas inferior à da mulher. (dez. 1910, p.19)

O autor ainda observa que, nos Estados Unidos, os homens dedicavam-se pouco ao ensino primário, dado que em outro ramo de atividade e qualquer que fosse sua formação e grau de cultura podiam ganhar mais do que nessa profissão. Além disso, "o caráter norte-americano era demasiado ativo e demasiado ambicioso para que se conformasse com a vida modesta e sedentária das escolas". As mulheres americanas "eram capazes, inteligentes e instruídas, ocupando-se de profissões liberais na imprensa, na administração e no comércio e, apesar de seu desejo de igualar os homens, sua ação era muito mais restrita havendo conveniência para ela e para o povo que fosse professora". Entre europeus, norte-americanos e sul-americanos existia uma grande diferença sobre homens e mulheres, baseada principalmente na estrutura econômica desses povos. Para os latinos, "a atividade masculina deveria bastar para os dois sexos e os homens monopolizavam todas as profissões mecânicas e liberais. Os sul-americanos gostavam da vida pública, amavam o luxo e queriam ganhar muito em pouco tempo e com menor esforço" e a escola primária não lhes poderia proporcionar grandes preocupações, pois

> os sul-americanos não têm sido senão professores vulgares; os que saem de nossas escolas normais com diplomas de professores abra-

çam imediatamente outras carreiras mais lucrativas, de melhor aparência, ou mais cômodas e só vêm para as escolas os poucos que não podem vencer sua vocação ou os pusilânimes que carecem de nervos para conseguir vantagens em outro campo (os quais não têm de profissão senão o nome). As mulheres, excluídas, por ideias e costumes absurdos de quase todas as profissões e dos empregos e funções públicas, estão geralmente condenadas à triste condição de parasitas. Assim, porque as mulheres encontram nas escolas e o povo nas professoras um meio de satisfazer necessidades físicas e morais, que sem elas não satisfariam, vêm as mulheres substituindo os homens no ensino primário sul-americano. (dez. 1910, p.20)

O autor refere-se ao fato comumente aceito de que a inserção das mulheres no magistério fora uma concessão, quando se lhes permitiu ocupar os lugares abandonados pelos homens. A princípio, segundo afirmava, isso foi verdadeiro e as mulheres foram admitidas nas escolas por necessidade "porque houve que optar entre conformar-se com elas ou fechar os estabelecimentos de ensino", mas, com o tempo, a experiência mostrou que as mulheres adquiriam, com igual ou maior facilidade que os homens,

os conhecimentos primários e profissionais que são necessários para ensinar bem nas escolas, que possuem qualidades congênitas, adequadas para educar, que não são próprias da maioria dos homens; que são mais aptas que estes para o labor escolar, e que satisfazem melhor as necessidades da disciplina. Desta experiência resulta que a mulher, admitida primitivamente por necessidade, é de dia para dia, mais solicitada que o homem.[16] (idem)

---

16 O autor ainda acrescenta que "tempo houve em que ninguém admitia que os meninos pudessem ser educados por mulheres em nenhuma das partes do curso primário, devido a que se tinha delas, universalmente, o conceito de incapazes para tudo que o homem fazia. Os resultados provaram facilmente o contrário; e tanta força tiveram, que as nações têm tido que abandonar pouco a pouco suas velhas ideias. Começaram reconhecendo que a mulher podia ensinar os primeiros rudimentos da leitura, a escrita e doutrina. Como ela se adiantou a ensinar mais e a ensinar melhor que os professores (com menos lentidão, consultando melhor a natureza das crianças); convenceu logo de que podia ensinar algo mais que os primeiros rudimentos. E assim, avançando um pouco hoje, um pouco amanhã, mas avançando sempre, chegamos ao estado atual das ideias, em que não se duvida, em nenhuma parte do mundo civilizado, que a mulher seja mais apta que os homens para ensinar".

O artigo termina com o autor recomendando que somente à mulher deveria ser confiada a primeira metade do ensino e ao homem e à mulher, a segunda metade, ressalvando que estas deveriam ser primeiramente aproveitadas e depois os homens, se estes provassem ser aptos para tal. A revista considerou que a opinião do autor vinha

> em apoio da recente reforma, que confiou exclusivamente ao sexo feminino o primeiro grau do ensino primário, único que, por ora, temos organizado regularmente, suprimidas como foram as escolas de segundo grau. Mesmo nestas, porém, para o ensino oficial, dadas as condições sociais de nosso país, era muito discutível se não conviria empregar também, com igual exclusivismo, educadoras em vez de educadores – deixando que os homens, que porventura tivessem vocação para o magistério, a exercessem no ensino particular. (dez. 1910, p.21)

Os exemplos apresentados mostram que no pensamento veiculado pela imprensa educacional e feminina nada indicava que no ensino primário paulista os homens tivessem se ausentado da profissão, apesar de se divulgar essa ideia, assim como a de se reservar somente às mulheres esse ramo do ensino.

O número de moças que procuravam pelo magistério continuou aumentado gradativa e rapidamente e, durante o período de 1881 a 1912, do total dos 4.369 professores formados pelas escolas normais do Estado de São Paulo, incluindo a Escola Normal da Capital, a Escola Normal Primária Anexa, a Escola Complementar "Prudente de Morais", a Escola Normal de Guaratinguetá, a Escola Normal de Campinas, a de Itapetininga e a de Piracicaba, 1.478 eram homens e 2.891, mulheres; o dobro, portanto. Em 1881, a Escola Normal da Capital formou seis professores e uma professora; em 1882, onze professores e nove professoras; em 1883, doze professores e seis professoras; em 1884, quatorze professores e quatro professoras; em 1885, 22 professores e quinze professoras. Em 1886, houve um equilíbrio, com treze professores e treze professoras; em 1887, 38 professores e quatorze professoras; em 1888, novamente um empate, com 32 de cada sexo formados. Os dois anos seguintes apresentaram uma ligeira elevação no número de mulheres: em 1889, 51 professores e 64 professoras. Em 1890, 27 professores e 31 professoras receberam seus diplomas de normalistas, e, em 1891, houve novamente uma ligeira elevação: 23 formados do sexo masculino e dezenove do sexo feminino.

A partir de 1892, o número de professoras formadas continuou a subir proporcionalmente, havendo novamente um equilíbrio em 1901, para depois, definitivamente, o número de mulheres ser bastante superior ao de homens formados pela Escola Normal da Capital. Em 1911, essa proporção era de 25 professores e 133 professoras, o que permite afirmar que foi em fins do século XIX, logo após a implantação do regime republicano, que o magistério passou a receber mais mulheres que homens.

O fenômeno estendeu-se a todas as escolas da capital e do interior paulista e, ao longo das décadas, o número de mulheres foi se ampliando até quase abranger a totalidade do ensino primário. Porém, cumpre assinalar que, mesmo superiores numericamente, as mulheres dificilmente chegavam a diretoras de escola e aos cargos de chefia, lugares normalmente ocupados pelos homens, havendo, aliás, uma certa desconfiança em se nomear mulheres para postos mais elevados no ensino. Apesar de o número de formadas ser cada vez maior e de as professoras ocuparem os lugares na regência de classes do ensino primário, nas Escolas Normais, consideradas centros de excelência no ensino, elas ainda constituíam minoria. Por exemplo, no ano de 1912, a Escola Normal da Capital, que tinha como diretor o doutor Oscar Thompson, contava com apenas seis professoras do total dos 41 docentes pertencentes aos seus quadros profissionais, lecionando disciplinas como Desenho, Ginástica, Trabalhos Manuais, Arte Culinária e Caligrafia; as disciplinas de conteúdos mais específicos e de cultura geral eram regidas por professores do sexo masculino. Ainda em 1911, nos 85 grupos escolares situados no interior do Estado, em cidades como Araraquara, Avaré, Botucatu, Campinas, Jaboticabal, Limeira, Ribeirão Preto, Rio Claro, São José dos Campos, São Carlos, Sorocaba etc., do total de 714 professores, 239 eram do sexo masculino e 475 do sexo feminino. A mesma proporção era mantida para os substitutos efetivos e para os professores adjuntos (Anuário..., 1911-1912, p.447).

A grande procura da Escola Normal pelas jovens era um fenômeno que não passava despercebido pelos órgãos oficiais, que constataram que no Brasil a situação era a mesma que no exterior e atribuíam essa procura a uma verdadeira vocação para o magistério por parte das mulheres e à necessidade, para milhares de moças, de um meio que garantisse a subsistência e uma certa autonomia financeira. Isso transparece no relatório de Sampaio Dória sobre a educação no Estado, de 12 de janeiro de 1918, no qual se refere a esse fato assinalando que viria daí "a necessidade que tem o Estado de transformar maior parte delas em escolas exclusivamente femininas, deixando algumas mistas. Educaríamos assim maior número de moças para o magistério, o que só poderá trazer vantagens para o ensino e para a educação das moças paulistas, que não têm no Estado outros estabelecimentos de ensino secundário para se educarem" (Anuário..., 1918, p.283).

A expressiva quantidade de mulheres lecionando nas classes do primário não deixava de ser vista com agrado pelos dirigentes do sistema escolar, mas o imbricamento dos atributos de missão, vocação ou sacerdócio com o desempenho da docência não se referia apenas às professoras, e sim a todo o professorado de um modo geral. Professores e professoras estavam imbuídos do "dever sagrado" de conduzir as novas gerações no caminho da educação e da instrução, as quais, por sua vez, levariam ao progresso da nação:

> O professor correto e compenetrado dos seus deveres exerce papel preponderante na sociedade. Sem afetação e sem jactância, servirá ele de modelo no meio em que viver. Tendo o máximo cuidado na vida pública e particular, sem imiscuir-se nas rixas políticas, que são mais acentuadas quanto mais atrasado o meio, servirá ele para modificar certos hábitos inconvenientes da vida na região. Fará o papel de um verdadeiro sacerdote pregando o bem e a moral; terá, por isso mesmo, a recompensa moral de ser por todos respeitado e acatado. (Anuário..., p.779)

Algumas vozes dissonantes a respeito do magistério exercido por mulheres também fizeram-se ouvir. A revista *Formação*, publicada no Rio de Janeiro e com sucursal em São Paulo, em matéria sobre a distribuição dos professores primários nos sistemas estaduais de educação, apresentava alguns quadros estatísticos sobre o número de professores no país, porém sem uma classificação por sexo, como se costumava fazer nas décadas anteriores.

A revista refere-se a uma moção dirigida ao presidente da República, em 5 de maio de 1941, sobre a escola como veículo propagador da higiene, na manutenção e restauração da saúde da infância e da adolescência. Nessa escola, o professor era considerado o fator precípuo para tornar o meio escolar propício a todas as intervenções de ordem higiênica e médica, sendo mesmo elemento decisivo para a efetivação da educação sanitária, e as escolas de formação do professorado primário deveriam atrair mais homens para os seus quadros, "melhorando as condições técnicas e econômicas desses plasmadores de nacionalidade, dado que o magistério deve ser para o professor antes um sacerdócio que um calvário". Se o magistério se tornasse uma profissão mais bem remunerada, o professor primário brasileiro teria elevado o seu prestígio "por uma consideração oficial que ainda não possuía e as escolas atrairiam os elementos masculinos, absolutamente necessários a uma obra de educação completa". Isso porque, apesar da "inconteste situação da mulher brasileira na educação de crianças revesti-las de uma auréola de inconfundível fulgor, que lhe emprestavam a sólida cultura e o zelo apostolar, um menino de 11 anos precisaria de um homem que lhe dirigisse os passos na vida. O professor masculino, mais experimentado na luta pela vida, disporia de maiores recursos para fazê-lo". Esse arrazoado propunha ao presidente da República que criasse, no meio rural, escolas de formação de professores primários, evitando o êxodo das populações rurais em busca das escolas normais urbanas. Ao mesmo tempo, exortava a categoria e deixava de referir-se à questão dos sexos ao empregar um discurso ufanista acerca do magistério:

> Os mestres – os verdadeiros mestres, alongam sua vista perscrutadores além das contingências do momento: com clarividência,

auscultam as necessidades do futuro e vivem o presente alicerçando a Pátria de amanhã sobre o valor dos seus filhos, educados integralmente no corpo e no espírito.[17]

Ainda em 1941, a revista *Formação* publicou mais dois artigos sobre a mulher no serviço público e posicionou-se contrária "à invasão feminina nos setores públicos". O autor do primeiro artigo publicado em janeiro, Artur Negreiro Falcão, considerava-se um "convicto e pugnaz defensor do direito de voto à mulher" e informava aos leitores que havia defendido arduamente seus princípios durante a Constituinte Brasileira de 1933-1934, como também sempre se colocou a favor da atribuição às mulheres dos "títulos e capacidades para o exercício social, político e científico de funções, todas erroneamente tidas como privilégio masculino".

O missivista prossegue afirmando que, quando estudante, fora um entusiasta admirador de Tobias Barreto por este ter sido o "precursor no Brasil da admissão da mulher nas Faculdades Superiores de Ensino, quando já no século XVIII, quatro mulheres haviam ocupado cátedras na Universidade de Bolonha" e, assim, não advogava nenhum pensamento de inferiorização feminina. Portanto, gostaria que as mulheres tivessem não só a igualdade, como a supremacia em alguns setores, nos quais eram até mesmo mais capazes "por precisar a mulher de menos oxigênio do que o homem e sentir, assim, menos do que este o ímpeto da vida exterior, o desejo de ar livre, podendo desse jeito, mais do que o homem devotar-se a uma vida de recolhimento, no silêncio dos gabinetes e laboratórios". Ao denunciar que a concorrência da mulher com o homem estava sendo desmedida, instava por sua regulamentação, pois, do contrário, possibilitaria que se perdesse o equilíbrio social desejado. Essa regulamentação deveria ser urgente, indis-

---

17 Citações extraídas da revista *Formação* (1941, p.60), relativas a um texto de autoria do major Euclides Sarmento, membro da Comissão Nacional do Ensino do Exército, enviado para discussão na Comissão Técnica do Ministério da Educação. O major considerava que "o momento histórico que vivemos, exige dos educadores, como se fossem soldados ou apóstolos – patriotismo e abnegação", observando que a política de segurança nacional estabelecia a colaboração militar na educação, ensino e higiene.

pensável e inadiável, dado que "a amplitude ilimitada da atividade feminina ia, a olhos vistos, preparando a crise masculina".

Na regulamentação da atividade feminina, ainda de acordo com o autor, deveriam ser reservados às mulheres o ensino primário e o pré-primário, áreas em que elas se destacariam e as quais lhes descortinariam os mais *belos horizontes*. Apesar disso, lamentava, as jovens brasileiras não se contentavam com isso e fugiam desse seu "grande sacerdócio" nas cidades do interior do país, desejando exercê-lo apenas nas grandes cidades e na Capital. O papel de educadora da infância era o mais elevado que as mulheres poderiam aspirar. Como a educação nacional era a máxima necessidade de um Brasil que se renovava, um lugar importante estava destinado às mulheres, e era representado pela "culminante missão de ensinar". Caberia à nação dedicar toda sua atenção à educação da futura educadora que iria desempenhar a alta e relevante carreira profissional do país e "enquanto, porém, se não alcança a era de tão ansiosos ideais de política nacional, devemos cuidar, olhando o amanhã, de opor óbices por uma regulamentação racional aos surtos invasores da mulher nas regiões burocráticas se não o futuro da Pátria estaria seriamente ameaçado"[18] (*Formação*, 1941, p.60).

As repercussões ao artigo de Artur Negreiro Falcão devem ter sido muitas e, nos números seguintes, os bacharelandos da Faculdade de Direito de Niterói, "*atentos aos problemas sociais*", publicaram um abaixo-assinado que havia sido dirigido a Getúlio Vargas com o nome "A mulher e o serviço público", encaminhando, juntamente, o "belíssimo e oportuno artigo" do citado autor. Os bacharelandos informavam ao presidente que, com a "concorrência da mulher nas atribuições do homem, o futuro da Pátria estaria ameaçado", conforme defendera Artur Negreiro Falcão. Porém, reiteravam, não queriam, com essa atitude, com-

---

18 O artigo de Artur Negreiro Falcão, intitulado "A mulher e o serviço público", tinha sido primeiramente publicado no *Jornal do Comércio*, na Bahia, e fora enviado à revista *Formação*, pelos alunos da Faculdade de Direito de Niterói ao presidente Getúlio Vargas.

bater a mulher, pois seu grande desejo era "defendê-la e ampará-la; queremos que ela torne ao trono sagrado do lar onde nossos antepassados a colocaram; queremos para ela a posição de respeito e veneração de que gozaram e ainda gozam nossas mães; queremos que ela volte a ser esposa de seu marido e mãe, no sentido lato, de seus filhos" (p.61).

A intenção de alojar novamente as mulheres no lar tinha como principal argumento a preservação da família e a certeza de sua desagregação se estas continuassem exercendo o trabalho fora do espaço doméstico. Essa atitude feminina faria correr o risco do abandono dos filhos em mãos de "serviçais ignorantes, a quem pouco importava a formação do caráter infantil". A única pessoa capaz de educar os filhos à perfeição era a mãe e, para que esta fosse boa nas suas funções maternas, era "necessário que ela não tivesse conhecimento profundos, das imperfeições dos homens e muito principalmente da sua vida profana e desregrada, porque só assim poderia com amor e confiança transmitir um pouco dos sentimentos do seu coração puro e santo de mulher, indene das imperfeições do mundo, para o coraçãozinho do filho". Além de desalojar as mulheres do "recesso sagrado do lar", afirmavam que o trabalho feminino apresentava um outro aspecto negativo que era o de impedir novos casamentos, "pois a cada mulher que ocupava um emprego, este deixava de ser atribuído para o homem que, por tal motivo, não se casava".

A independência econômica feminina daria às mulheres uma situação de liberdade que as poderia iludir e acovardar perante os encargos do matrimônio e as faria querer limitar, senão eliminar o número de filhos. A mulher solteira poderia sentir-se feliz com a liberdade e a autonomia financeira conseguida por uma profissão e, por isso, rejeitaria o casamento. O mesmo não se daria com os homens que "assim que resolviam sua situação econômica, sonhavam em casar-se", e mesmo a limitação do número de filhos não era objeto das cogitações masculinas, partindo sempre da mulher essa exigência. Asseguravam que isso representava um risco social para o país, que precisava de homens fortes para o seu desenvolvimento. Sendo assim, não se deveria permitir que as mulheres ocupassem cargos públicos, o que ocasionava transtornos ao segmento masculino e "a mulher, pela alta missão que lhe compete na sociedade, deve merecer do homem, e sobretudo do Estado, todas as atenções e cuidados que a dignifiquem e que lhe proporcionem, tanto quanto possível, um ambiente feliz como filha, noiva, esposa e mãe" (p.63).

Os bacharelandos, na moção enviada ao presidente, procederam também a uma análise sobre o casamento do ponto de vista biológico, descrevendo o matrimônio como o "encontro sexual entre macho e fêmea, do qual resultava a conservação da espécie". Do ponto de vista social e humano, o casamento era a "regulamentação das relações sexuais entre os homens e as mulheres, tendo em vista o interesse e o bem estar da mulher e dos filhos", mas, nos tempos que corriam, um "mal" denominado "feminismo" estava corrompendo essa instituição:

> o feminismo, nascido na imaginação de algumas que se intitulam "*leaders*", veio proclamar em prejuízo da própria mulher e, maior ainda da família que é a célula da sociedade, o absurdo da liberdade, da igualdade e da equiparação dos direitos da mulher aos dos homens ... os deveres e direitos da mulher é que pela sua própria natureza são maiores, e muito mais, do que os do homem e não está no alcance deste subverter o que Deus determinou. (p.64)

A petição encaminhada a Getúlio Vargas foi enviada ao DASP, (identificado apenas como um departamento e pela sigla), que, por sua vez, emitiu parecer discordando das questões levantadas pelos bacharelandos, observando que,

> quando em meio ao delírio destruidor da Grande Guerra ficaram entregues à mulher, com as defesas das cidades, os cuidados dos serviços públicos e os mais árduos trabalhos em que muitas se revelaram mais exímias que os homens, rotas ficariam igualmente as últimas barreiras dos preconceitos sociais quanto à nova milícia, enquanto os novos direitos lhes chegavam como uma conquista da dedicação e da coragem que já ninguém possuía razão para contestar. (idem)

No parecer, o departamento ainda ressaltou que as *conquistas* dos cargos pelas mulheres fora feita dentro da mais rigorosa seleção e o fato dos homens não se mostrarem insubstituíveis demonstrava que aqueles que condenavam a presença da mulher nos serviços públicos o faziam mais por motivos de ordem ético-social do que real e efetivo interesse na administração da nação. Por fim, parecem ter dado o golpe de misericórdia nas pretensões masculinas quando afirmam:

> Se a causa dos homens está em jogo e com ela a do nosso próprio lar e de nossa sociedade, lar e sociedade que se salvarão do desastre, quando as mulheres voltarem à casa, deixando a função pública, se essa causa está em jogo, cumpre-lhes ganhá-la, vencendo, pela inteligência e pelo esforço, pela capacidade e pelo direito, as usurpadoras que os prejudicam numa ampla competição mista. (idem)

O departamento considerava, finalmente, que forçar a intervenção do poder público em nome de uma moral que não fora por ele criada mas, ao contrário, permitira, na plenitude do direito a todos assegurado, a possibilidade de juridicamente reformar ou substituir uma prerrogativa já concedida era "fazer publicamente a confissão da própria incapacidade, terminando na apologia do que se pretende condenar".[19]

A revista *Formação*, durante um certo período, publicou uma matéria intitulada "Vida e obra de nossos educadores", na qual entrevistava educadores brasileiros notáveis que haviam se destacado no campo educacional do país. Além das questões costumeiras sobre suas vidas e suas realizações profissionais, aparecia sempre uma questão pontual: "o motivo de ser professor" que provocava respostas variadas dos entrevistados. Escolhi, para exemplificar, os depoimentos de dois professores e uma professora.

Um dos entrevistados, o professor Mário Casassanta, havia participado da execução da reforma do ensino mineiro, idealizada pelo então governador Antonio Carlos e por Francisco Campos – que havia sido diretor da Instrução em Minas Gerais e Distrito Federal e reitor da Universidade de Minas, ocupara alguns cargos políticos e, no momento, lecionava Português, no Ginásio Mineiro, e Direito Público Constitucional, na Faculdade de Direito da Universidade de Minas, cargos que alcançara em concursos.

---

19 O parecer é assinado por Luiz Simões Lopes, presidente do DASP, e mandado arquivar por Getúlio Vargas em 12 de maio de 1941. Parece que a discussão acabou por aí, pois nos números posteriores não pude verificar outras referências a esse assunto.

No decorrer da entrevista, Mário Casassanta contou que era filho de imigrantes italianos que vieram para o Brasil para trabalhar na terra e que nascera e crescera em Camanducaia, *"entre ramificações da Mantiqueira, na divisa de Minas e São Paulo"*. Interrogado a respeito de como se fizera professor, respondeu que *"tivera muitos motivos para sê-lo"*, principalmente pelo amor à língua portuguesa e ao *"exemplo edificante de velhos mestres da sua infância"*:

> Disso tudo, um ardente desejo em mim: o de ser professor e professor de português. Lente de português! Nenhuma outra glória se me afigurava superior a essa! ... Em 1918 tinha alcançado o meu objetivo: era lente de português. Escrevi no dia em que fui convidado, esta nota no meu diário: "realizei o meu ideal: sou lente de português. Tudo o que vier de hoje em diante virá de lambujem". Amava a matéria, estudava-a loucamente, atingira uma situação social.[20]

O outro entrevistado foi o professor Raul Gomes, de Curitiba, e a revista apontou a extrema dificuldade em conseguir obter os depoimentos, dada a relutância dos educadores de falarem de si próprios e as dificuldades de conseguir encontrá-los. Neste caso, a entrevista fora enviada por escrito. Raul Gomes intitulava-se jornalista, homem de letras, bacharel como toda gente, demagogo, funcionário público, jornalista por vocação e professor por necessidade:

> Minha mãe era muito pobre. Tinha nove filhos pequenos. O mais velho ganhava muito pouco. E quando ela me matriculou no Ginásio Paranaense, fê-lo simultaneamente na Escola Normal. Naquele tempo, por volta de 1903 ou 1904, um professor primário ganhava no Paraná tanto quanto um Juiz Municipal formado. E ela viu nessa minha futura profissão um meio de aliviar seus encargos.[21]

A professora Eunice Serrano Telles de Souza, entrevistada pelo doutor Júlio Neri, também respondera por carta à solicitação de dar seu depoimento; ela era diretora da Escola Normal de Manaus. A entrevistada relatou que o exemplo dado pelo pai, o emi-

---

20 Depoimento de Mário Casassanta (*Formação*, jun. 1940, p.11).
21 Do depoimento do professor Raul Gomes (Idem, set. 1940, p. 23).

nente mestre Plácido Serrano, "cujo nome era um evangelho no ensino amazonense e que encarnou todas as virtudes do educador modelo", foi determinante na sua opção pelo magistério. Além do pai, outros educadores com os quais conviveu diariamente e os tempos de colégio lhe despertaram o entusiasmo pela profissão. Quando questionada sobre se sempre pensou em ser professora, respondeu:

> Como não?! Num ambiente de espíritos elevados, tendo em casa o exemplo edificante do meu Pai adorado, e na escola, aquelas sacerdotisas do ensino, claro está que procuraria seguir-lhes as pegadas. Desde menina, meu ideal era ser uma grande professora! Se não o sou, não me faltou contudo a maior boa vontade ... Julgo que nasci exclusivamente para ensinar. Mesmo na época de hoje, em que vemos funcionários subalternos de uma repartição qualquer superarem a um professor em suas condições monetárias com vencimentos superiores a criaturas que consomem energias mentais em cursos especializados e depois morrem vencidos no exercício da mais nobilitante das profissões; mesmo hoje, quando vemos ruidosas homenagens tributadas a um ínfimo cantor de rádio, menosprezando-se o professor que representa a alavanca primordial do progresso da Nação; mesmo quando vemos professores-apóstolos, depois de um tirocínio luminoso, vencidos pelo descaso a que foram relegados, mesmo assim, confesso que jamais escolheria outra profissão! Ela concretiza toda a aspiração de minha vida![22]

Fica evidente, nos depoimentos desses três professores, o grande respeito pela profissão que abraçaram. No caso da professora, ainda mais que entre os homens, existe uma visão do magistério que considera a docência não só uma ocupação profissional, mas uma genuína vocação. A profissão representava um motivo de orgulho e prazer, mas, também, não permitia que a mulher descurasse da vida familiar e de seu papel feminino, ao qual atribuía enorme importância. O discurso da professora Eunice não era ambíguo, nem se encontrava imbuído de formulações ideológicas,

---

22 Na entrevista, a professora ainda acrescenta que "sendo dona de casa e querendo conciliar minhas funções no lar e na escola, procurando trazer em ordem tudo que está sobre minha direção, pode-se bem avaliar as horas de trabalho por mim despendidas para cumprir corretamente meus deveres de esposa, de mãe e de educadora" (idem, fev. 1941, p.7).

mas revelava a autenticidade de uma mulher que se realizou num trabalho e numa carreira profissional e se sentia orgulhosa de poder fazê-lo e dizê-lo, apesar da modéstia da sua própria descrição.

Outras interpretações podem ser feitas sobre esse discurso e o depoimento da professora Eunice pode parecer um caso isolado; apesar das lacunas do depoimento, enxerga-se uma mulher forte, conhecedora da profissão e da vida que, mesmo com as preocupações com o espaço doméstico, conseguiu impor-se e com a qual pôde destacar-se num universo que sempre lhe fora vedado, o mundo do trabalho. Uma vez conquistado o espaço, obtinha-se o respeito por intermédio do desempenho.

Ainda nos anos 40, a revista *O Estudante*, publicada em São Paulo, apresentava várias crônicas femininas escritas por uma colaboradora denominada Liloca Amaral, que discutia, principalmente, as questões relativas aos direitos das mulheres nos anos que corriam. Atente-se para o fato de que, no período em questão, o voto já estava assegurado havia alguns anos e o número de mulheres no mercado de trabalho – representado pelo magistério – era muito grande, assim como sua frequência nas escolas normais. O termo normalistas, no período, sugeria sempre moças e não rapazes, como na reportagem de Freitas Nobre, "Alguns milhares de romances de amor na praça mais romântica da Pauliceia", na qual se refere à Praça da República em São Paulo, onde

> centenas de normalistas, pintando com os uniformes uma barra azul em todo o logradouro ... e vendo algumas dezenas de normalistas em gestos indiscretos com seus pares, acentuou: "Que Deus me livre dessas moças que estudam". Pois a Praça da Escola Caetano de Campos é assim. (*O Estudante*, fev. 1944)

As crônicas assinadas por Liloca Amaral tratavam de assuntos variados, como o mal causado pela futilidade feminina, alguns péssimos hábitos de mulheres de elite e a mulher nos velhos tempos. Também abordavam questões como educação e instrução para o sexo feminino e sua inserção no campo profissional, principalmente num período em que os espaços ocupados pelos homens estavam vazios, com a população masculina envolvida com a guerra:

MULHER E EDUCAÇÃO: A PAIXÃO PELO POSSÍVEL 155

> O preconceito da mulher moderna que trabalha e exerce pro-
> fissões liberais, está infelizmente bastante arraigado na sociedade ...
> Com a tremenda destruição que assola o mundo, a mulher fatalmen-
> te substituirá os homens que ora se perdem nos campos de batalha.
> De modo que, por força das circunstâncias, ela terá de sair da meia
> escravidão em que tem vivido até hoje, para iniciar uma fase nova
> sobre a face da Terra. (ibidem)

Apesar dessas constatações, as mulheres eram, nos tempos que
corriam, "todas escravas e heroínas" por terem de fazer prodígios
para manter o lar e cuidar da família. Para que a mulher pudesse
formar a alma e o caráter dos filhos, mais do que nunca, precisava
de instrução e, se a independência trazia benefícios inegáveis para
as mulheres, esse ponto de vista não era compartilhado pelos homens, que as preferiam mantidas na ignorância e na submissão
por temerem sua inserção profissional e sua independência. Realmente, a cronista tinha razão em suas afirmativas, pois os homens
mostravam em relação à independência feminina uma atitude de
descrédito e antagonismo. Isso transparece no artigo "A mulher, o
lar e a sociedade", do colaborador Itamar Paraguassú, que escreveu
ao jornal lamentando o que ele denominava a pseudoindependên-
cia feminina, que deslocara a mulher do seu verdadeiro papel de
mãe e de esposa:

> É bem verdade que a educação moderna veio contribuir para a
> evolução da mulher em muitos sentidos. Hoje, ela já não teme o fu-
> turo. Enfrenta-o serena, capaz, na certeza de poder se defender com
> seu trabalho, com a sua atividade, com sua instrução. Mas, se ganhou
> em preparo, em atividade, perdeu pelo coração. A mulher de hoje
> não tem a meiguice, o carinho, o desvelo da mulher de ontem. On-
> tem ela era toda aflição, toda candura, fazia de seu lar um poema de
> doces canções; hoje, é dinâmica, viva, sem os encantos próprios de
> seu sexo ... Enquanto a mulher não se compenetrar do seu verdadei-
> ro papel de mãe educadora, preparando gerações futuras, os cata-
> clismos que assolam o mundo, tudo devastando, tudo destruindo,
> continuarão em sua obra demolidora, como um anátema à falsa in-
> dependência que tirou à mulher o seu símbolo de amor e ternura!...
> (idem, jan./fev. 1943, s. n.)

Os anos 30 e 40 produziram no país uma efervescência educacional advinda das formulações do escolanovismo que, entre

outras coisas, discutiu a coeducação. As escolas normais oficiais e particulares haviam se espalhado por todo o Estado de São Paulo, inaugurando seus cursos nas cidades do interior. Nas escolas pertencentes ao ensino público, o regime coeducativo vinha tornando-se uma realidade e era defendido pelo poder público pela economia que representava para o Estado.

A Igreja, que sofrera um abalo com a laicidade do ensino instalada no regime republicano e com a concorrência das escolas americanas protestantes que se instalaram no Brasil a partir de fins do século XIX, procurava ocupar um espaço na educação e recuperar sua influência na sociedade e, ao contrário das escolas protestantes, não aceitava a coeducação dos sexos, atacando com veemência esse procedimento em publicações na imprensa católica. Um de seus mais ardorosos opositores, o padre jesuíta Leonel Franca, procurou demonstrar que a coeducação dos sexos e o feminismo não tinham pontos em comum, como queriam os seus adeptos que procuravam, com isso, agradar às mulheres. Para isso, argumentava o seguinte:

> Combater a coeducação dos sexos não é afirmar nenhuma inferioridade intelectual ou social da mulher, não é fechar-lhe de modo algum o ádito a estudos superiores ou ao desempenho de funções administrativas e políticas. O feminismo, como reivindicação de uns tantos direitos ou de uma ampliação das influências sociais da mulher, e a coeducação dos sexos são questões diversas. A solução de uma não implica resolução da outra.[23]

A coeducação mereceu, no jornal *O Estudante*, alguns poucos artigos, dos quais selecionei três. Dois eram de autoria feminina e foram transcritos de uma revista de nome *Nosotros*, porém o jornal não esclarece a origem ou tipo de publicação. No outro artigo, de autoria do professor Antonio Scala, este observa que a Lei Orgânica do Ensino Secundário havia recomendado a separação dos sexos nas salas de aula. Apesar de, no seu ponto de vista, certas medidas poderem criar algumas dificuldades,

---

23 Cf. Souza (1994, p.39). O padre Leonel Franca posicionou-se conservadoramente a respeito da coeducação dos sexos e seu pensamento encontra-se no volume 12 de suas obras completas.

MULHER E EDUCAÇÃO: A PAIXÃO PELO POSSÍVEL   157

é bem verdade entretanto, que essa mesma medida traz inúmeros benefícios, dentre os quais podemos salientar a eliminação dos inconvenientes trazidos pela proximidade, pelo convívio entre os dois sexos e, na prática se transformava em motivos de certas brincadeiras, inocentes às vezes, mas que alcançavam alguma gravidade quando, constantemente repetidas, punham a periclitar o recato do sexo mais fraco.[24] (*O Estudante*, jun. 1942, p.28)

Os outros dois artigos, de autoria de Fanny Palcos, também traduzidos de *Nosotros*[25] por A. Diaz Fernandez, apresentam uma visão totalmente divergente daquela pregada pelo primeiro autor. A autora defende o sistema da coeducação dos sexos como um importante passo no preparo das futuras gerações. Segundo ela, as mulheres já não precisavam, como no passado, viver confinadas no lar paterno para defender-se "desse ser forte, inteligente mas de instintos irrefreáveis que supunham ser os homens" e propunha a derrubada dos preconceitos que sempre estiveram presentes na convivência entre os sexos, intimidando as mulheres e elevando os homens. A autora observa ainda que os países latinos vinham mostrando uma tenaz oposição ao regime coeducativo e questionava o "temor supersticioso das raças meridionais", que insistiam em manter meninos e meninas nas escolas, mas pretendiam uni-los por meio do casamento, esperando, com isso, formar um "*mundo perfeito*".[26]

No segundo artigo, a autora informa que escolas francesas, belgas e suíças haviam adotado a coeducação dos sexos com êxito completo. Nessas escolas, ambos os sexos eram igualmente tratados e havia um "elevado índice de moralidade". Porém, lamenta que essa camaradagem acabasse na puberdade, quando os sexos eram então separados. Esses países julgavam a coeducação "uma das molas fundamentais para a formação do caráter, bem como a pureza dos costumes é o mais poderoso fator para acabar com a atual inferioridade positiva da mulher, que só começará a desapa-

---

24 O autor refere-se ao Decreto-Lei n.4.224 que promulgou a Lei Orgânica do Ensino Secundário no mesmo ano pela reforma Capanema.

25 A revista não informa quem era Fanny Palcos, nem que espécie de publicação era *Nosotros*.

26 *O Estudante*, abr. 1943, p.8.

recer quando ela se educar na cultura geral não só como ela mesma mas também com o homem".[27]

Na década de 1940, o costume de manter a mulher no lar e o homem dirigir os destinos da nação continuou separando os sexos nas escolas e na vida social pelos papéis diferenciados desempenhados por ambos os sexos. Os avanços femininos foram forçados ao recuo, ou recuaram pela obtenção do direito ao voto. As conquistas das décadas iniciais diluíram-se na avalancha política. Havia novamente triunfado o conservadorismo. No ensino público, o ministro Gustavo Capanema e a Lei Orgânica do Ensino Secundário de 1942 encarregar-se-iam de sepultar o assunto. A segregação entre os sexos foi um dos princípios básicos para a reforma educativa, claramente influenciada pela Igreja Católica, um dos seus pilares.

O magistério alicerçou-se como trabalho feminino em definitivo e manteve as prerrogativas conquistadas. A sociedade masculina aceitou sem mais protestos, com exceção de uma ou outra voz isolada, a profissão de professora. O poder público regulamentou as horas de trabalho em meio período diurno para que a mulher também pudesse cuidar da casa, e fez algumas concessões trabalhistas como férias e salários não diferenciados, pois afinal as mulheres agora eram eleitoras. No entanto, como na década anterior, dificilmente estas conquistavam cargos de chefia como direção de escola ou inspeção e os salários do magistério eram menores do que os de pedreiros e até de carroceiros.[28]

---

27 Idem, jul. 1943, p.30. A autora também assegura que "assim como as tarefas do antigo lar industrial, tais como as referentes ao tecido e alimento, em suas múltiplas derivações, têm passado quase imperceptível mas em grande proporção às mãos dos homens, assim também as ocupações consideradas naturalmente masculinas foram invadidas nos últimos decênios pelas mulheres, mesmo que desgraçadamente não de forma tão imperceptível no que se refere à esfera intelectual ... Hoje, quando já se contam por milhares as mulheres com profissões liberais, há ainda um vasto círculo que olha com desgosto a intervenção feminina em semelhantes tarefas, alegando que o desempenho dessas profissões rouba-lhes a ternura, delicadeza e sensibilidade, que caracterizam à mulher quando consagrada à vida familiar".

28 O estudo de Faria Filho (1996, p.228), sobre a profissão docente no Estado de Minas Gerais, mostra tabelas salariais de profissionais como pedreiros, carpinteiros e carroceiros e as compara com os índices salariais dos professores no início do século, demonstrando que os últimos, muitas vezes, tinham menores salários.

MULHER E EDUCAÇÃO: A PAIXÃO PELO POSSÍVEL   159

As revistas femininas propugnaram o voto, a emancipação e exigiram a instrução e a profissionalização como um direito das mulheres. Porém a importância do papel feminino no lar sobrepunha-se a qualquer outro que as mulheres pudessem desempenhar à perfeição. Este era realmente o trabalho valorizado e qualquer tentativa de emancipação ou qualquer profissão que pudesse afastá-las desse campo deveria ser vista com desconfiança. O ponto de vista da domesticidade e do cuidado com as crianças fez que as mulheres se concentrassem no ensino primário. Os homens concentraram-se mais no ensino secundário e superior, níveis que foram gradativamente feminizando-se em algumas áreas, como a da Educação, por exemplo.

A imprensa brasileira educacional e feminina, de um modo geral, mostra o Brasil como um país omisso em relação à educação feminina e resistente à sua saída do espaço doméstico. Transparece, nessa imprensa, uma masculinidade imposta à sociedade como modelo padrão por excelência e homens dirigindo a nação e a vida das mulheres. Também se pode ler nas entrelinhas um avanço sutil das mulheres em direção a um espaço profissional, avanço que elas poderiam conquistar sem lutas inglórias e desgastantes, e que lhes permitiria manter o casamento como suprema aspiração de suas vidas. Se, a princípio, a educação lhes fora vedada e considerada inútil para o que delas se esperava, exercer o ofício de ensinar foi certamente uma conquista. Ser professora significou, além do trabalho remunerado, apropriar-se de uma cultura e de conhecimentos necessários para a vida. Isso não se deu sem traumas, por mais que se tente afirmar que a ocupação do magistério foi uma *concessão masculina* e que a imprensa permita entrever, entre os espaços de uma suposta permissividade, uma resistência dos homens a toda e qualquer aspiração de independência das mulheres.

O magistério, com as aberturas tornadas possíveis por uma certa mudança nas mentalidades, mesmo assim não foi tão facilmente acessível às mulheres, como sempre se acreditou. O trabalho feminino no magistério primário também implicou reivindicações e resistência, e significou o resultado dos primeiros passos dados pelas mulheres no rumo de sua profissionalização.

VIDAS DE PROFESSORAS: A MEMÓRIA REDESCOBRINDO A HISTÓRIA

Ariès (1992), ao referir-se à memória, observa que esta se constrói na vida privada e na vida pública, mas não sobre a relação entre ambas. O homem de hoje, diferentemente do homem do século XIX, não transita de forma independente nessas duas instâncias sociais. As memórias seriam testemunhos de tempo e não possuiriam uma relação direta entre a pessoa privada e a história. Assim, acontecimentos públicos como guerras, revoluções e crises, que irromperam na vida dos seres humanos, não lograram afastá-los de suas tradições.

O mesmo é confirmado por Thompson (1992), ao conferir atributos de subjetividade a toda fonte histórica derivada da percepção humana. As histórias de vida evocadas pela memória fazem parte de uma rede de significações imbricadas com o essencial do homem que é o existir e interagir com o mundo real. No evocar das lembranças essas significações emergem e transcendem o simples ato de verbalizar o passado e é possível decifrar a mensagem contida nos silêncios, nas pausas, nos olhos que se desviam ou se cristalizam irredutíveis, apegados às suas crenças e seus valores. São também as respostas evasivas, a necessidade de convencer ou de esclarecer, escolhas travadas intimamente no conflito entre se expor ou se preservar do olhar alheio. Assim, a memória também está impregnada do simbolismo das construções verbais e culturais que cada ser humano incorpora ao longo de sua vida e, nesse simbolismo, os papéis sexuais desempenhados por homens e mulheres ocupam um espaço importante.

As mulheres, muito mais do que os homens, têm nítidas as diferenciações que enfrentam ao longo da vida, como também têm claros os condicionamentos e os obstáculos das suas opções profissionais e pessoais, por suas vidas não serem vividas solitariamente e nelas existir a figura do outro, ou outros, que se lhes interpõem entre a vontade e o desejo. Essas figuras podem ser tanto a sociedade em sua forma abstrata, ou pessoas de seu círculo de afetividade e de relações.

MULHER E EDUCAÇÃO: A PAIXÃO PELO POSSÍVEL   161

No entrecruzamento do público e privado, embora as mulheres vejam com uma certa clareza os mecanismos de desigualdade, não chegam a vislumbrar saídas para uma situação que sempre lhes tem sido imposta. Ao mesmo tempo, intentam desenvolver práticas pessoais e existenciais em busca da realização como indivíduo, em que a vivência profissional e a remuneração econômica são metas a serem atingidas e, para isso, esforços são realizados. Esses esforços são tanto mais dificultosos quando se atenta para as desigualdades decorrentes da diferenciação sexual e as formulações ideológicas e simbólicas que estas impõem às mulheres e que lhes acentuam as dificuldades de galgar uma posição no mundo do trabalho. Thompson considera que "a masculinidade e a feminilidade são, pois, impostas à psique mais profunda da criança pequena, muito antes que as diferenças entre os sexos tenham qualquer significado imediato, por meio do simbolismo cultural inconsciente do gênero embutido na linguagem".[29] Sendo assim, os estereótipos masculinos ou femininos são cultural e socialmente impostos desde a infância e transmitidos pela linguagem muito antes que as crianças percebam as diferenças entre os sexos.

Nas mulheres, quando instadas a relatar suas histórias de vida, o ato de lembrar, ao mesmo tempo que busca reconstruir o passado e revesti-lo do halo dourado evocado pela emoção e pela saudade da infância e da juventude, também intenta destruir aspectos

---

29 Thompson observa ainda que isso tem "ajudado as feministas a mostrar as inadequações de deduções diretas a partir das diferenças entre o desempenho masculino e feminino, e a vacuidade de políticas de igualdade que ignoram o peso da cultura. Imediatamente a partir desses momentos iniciais do desenvolvimento da consciência social, a menina pequena aprende que é uma fêmea que ingressa numa cultura que privilegia a masculinidade e, por isso, privilegia os homens, exatamente como na linguagem a forma masculina sempre tem prioridade como regra, e a forma feminina só entra como exceção. Para assumir um lugar positivo no mundo da cultura, ela tem que lutar desde o início; mas é uma luta desigual ... A internalização dessas atitudes revela-se com igual clareza, como têm descoberto os historiadores orais, nas diferentes maneiras pelas quais homens e mulheres mais idosos utilizam a linguagem" (p.203). Nessa maneira de utilizar a linguagem apontada por Thompson, os homens possuem a tendência a referir-se às suas vidas, enquanto as mulheres as nomeiam em termos de relações, incluindo as vidas de outras pessoas como parte de sua própria.

que elas, por vezes, pretendem soterrar sob os escombros de uma vida. Aspectos que intencionalmente não se quer fazer emergir, ressaltando-se assim o que foi positivo e omitindo o negativo, num recurso muito humano de dar tonalidades róseas àquilo que se viveu. Nesse relato, a memória ocupa um papel no qual as questões embutidas no gênero não deixam de aparecer, assim como outros aspectos da sociabilidade e da cultura como veículos de subordinação sexual a que sempre foram submetidas no espaço público e privado. Assim, a memória das mulheres, ao transformar-se em história, oferece uma relevante contribuição para o resgate do papel feminino na História Social e na História da Educação.

As professoras primárias, presentes neste estudo, demonstraram, em seus depoimentos, um desejo de impressionar favoravelmente sobre a profissão que um dia desempenharam e a recuperação das suas lembranças significou desvendar vidas femininas do passado de toda uma categoria profissional. Nas suas lembranças ficaram nítidas as diferenciações sexuais impostas pela sociedade, e o magistério surgiu como uma profissão talhada desde o início para o sexo feminino. O casamento e a maternidade emergiram como os desejos prioritários, passíveis de serem harmonizados com a educação de crianças no ambiente escolar, e foi possível perceber que atributos de afeto e de vocação faziam parte das fontes de satisfação que lhes conferia a atividade profissional conjugada com a realização pessoal. Ficou evidente que, no ato de lembrar, queriam também afirmar-se como pessoas que realizaram algo importante em suas vidas, e, para isso, buscavam um reconhecimento, ainda que tardio. Suas vozes, ora eloquentes ora tranquilas. Nos breves silêncios das pausas para relembrar, nem por um instante demonstravam dúvidas, mas apenas a vontade de contar e, nesse ato, fazerem-se ouvir e compreender.

No momento em que, pela via da interpretação, o discurso oral se transforma em escrita, distanciada da entonação da voz e do olhar, surge com muita nitidez aquilo que esteve oculto no momento dos depoimentos. Além disso, muitas vezes é quase impossível ao pesquisador deixar de participar da construção linguística e da expressão corporal das entrevistadas e assumir um distanciamento ditado por um desejo de neutralidade na hora de transformar os testemunhos em texto. Na ausência dos atores, o texto torna-se árido, sem a pregnância das emoções e das entonações que dão vida à linguagem e, nessa hermenêutica, "despe-se" do texto toda e qualquer paixão que ele pode oferecer. Quando, ao final do processo analítico, a síntese emerge, com ela ressurgem aspectos surpreendentes que conseguem novamente colocar em cena o ser vivo e sua carga de experiência. Nessa elaboração reconstrói-se, embora parcialmente, a história, uma micro-história feita no anonimato de seres comuns, sem grandes tragédias, sem grandes realizações, porém impregnada do próprio sentido e significado da existência.

A História Oral e a memória podem dar elevada contribuição para o resgate do papel feminino na História da Educação. A recuperação da memória de antigas professoras representa a recuperação da história de uma categoria profissional formada por uma maioria composta de pessoas do sexo feminino que têm se mantido ausentes da organização educacional e das suas instâncias decisórias, mas não do efetivo trabalho cotidiano. Uma ausência que pode, em parte, ser explicada pelo histórico costume de se fazer sempre uma história masculina, mesmo que nesta o papel das mulheres tenha sido determinante.

Os mitos que modelam a vida das mulheres no magistério repercutem nos testemunhos dados pelas professoras. A desvalorização profissional, por exemplo, não encontra eco no pensamento das entrevistadas e estas enfatizam muito claramente que, no seu tempo, foram profissionais respeitadas, possuíam grande prestígio social e sua profissão detinha um elevado estatuto no seu meio social, comparável ao dos médicos, juízes, delegados, promotores e advogados. Do seu ponto de vista, a feminização do magistério foi um processo natural e consideram que professores e professoras sempre foram capazes de ter desempenhos igualmente satisfatórios, embora a mulher fosse mais adequada por ser "mais meiga e mais amorosa". Para elas, os homens são mais talhados para os cargos de direção das escolas por serem "mais calados, disciplinados, enérgicos, exigentes e mandões". Porém, em nenhum momento se colocam como vítimas da sociedade regida segundo o modelo patriarcal ou manifestam algum sentimento mais veemente em relação às desigualdades sexuais.

Essas constatações levaram a estudos sobre a psique feminina das professoras. Silva aborda esse temário, mesmo sem a ênfase nas relações de gênero, ao tratar do educador em si. A autora vê o educador como o ser formador que estabelece com o ser em formação uma relação apaixonada que os anima e na qual afloram os sentimentos. Ao buscar interpretações de como o formador necessita da atividade formativa para satisfazer as fantasias e os conflitos que emergem nessa relação, a autora afirma:

> A paixão de formar trata de assegurar o suporte, a transmissão e o desenvolvimento da vida contra as forças da destruição e da morte, sempre presente no centro e no horizonte do projeto de formação. Na sua função primitiva, a fantasia assegura primeiramente o triunfo da pulsão da vida contra a pulsão da morte, que instala a angústia no coração do homem. A fantasia de formar é uma das modalidades específicas da luta contra a angústia e as tendências destrutivas, e é por isso que, na sua forma mais pura ela é uma fantasia de onipotência e de imortalidade, e em sua outra face encontramos a destruição, a angústia e a culpa. (Silva, 1994, p.34)

LEMBRANÇAS DE PROFESSORAS: RETRATOS DE UM TEMPO, EMERGÊNCIA DE SABERES

As mulheres professoras[30] – a quem me reportarei de agora em diante, valendo-me dos testemunhos obtidos, através de suas memórias, para reconstruir suas histórias de vida e da profissão que exerceram – pertenceram, na época de sua vida profissional ativa, a uma classe social que poderia ser definida como uma pequeno-burguesia interiorana, que partilhava de um certo acesso aos bens materiais e à cultura proporcionada pelo ambiente provinciano e religioso de uma cidade de porte médio do interior paulista. Tinham em comum com as paulistanas a partilha desses mes-

---

30 Foram entrevistadas, em 1992, quatro professoras: D. Maria (80 anos), D. Helena (71 anos), D. Elza (74 anos) e D. Maria Eugênia (68 anos). Devo a elas estes testemunhos de tempo a que se refere Ariès, e que permitiram reinterpretar os vestígios de uma época.

mos bens culturais, com exceção do ambiente mais cosmopolita da grande cidade em que São Paulo estava se transformando nas primeiras décadas do século e das inovações nos costumes que o acelerado crescimento urbano estava a proporcionar a seus habitantes.

As paulistanas podiam desfrutar maior liberdade ditada justamente pelo maior índice populacional e, certamente, ter um acesso mais imediato às últimas novidades e às novas mentalidades que invadiam o mundo do pós-guerra e eram trazidos pelos jornais e revistas vindos do exterior ou publicados no Rio de Janeiro, capital do país.

O cinema, que no século XX invadiu a vida pública e o espaço privado, transcendeu e transformou costumes e hábitos herdados da tradição portuguesa e impregnou o imaginário da época com uma magia que fascinava a todos, homens e mulheres. O cinema atuava nas mentalidades, ditava modas, alterava os costumes e transpunha as fronteiras do mundo provinciano, agindo sorrateiramente nas simbolizações e nas expectativas acerca dos papéis sexuais.[31] Ao desvendar novos espaços femininos, também veiculava comportamentos que os segmentos conservadores da sociedade consideravam nocivos para a boa formação das moças, pois expunha modos de agir e pensar incompatíveis com uma sociedade que se queria o mais moralizada possível. Porém, o seu apelo tornou-se irresistível e as mulheres identificaram-se com as

---

31 "A estrela de cinema surge aproximadamente a partir de 1910, como consequência de uma maior concorrência existente entre várias firmas cinematográficas, nos Estados Unidos, sobretudo. A estrela começa por seduzir no ecrã, antes de mais nada e tudo se mobiliza em seu torno. As revistas de cinema falam sobretudo de sua vida pessoal ou dos enredos que despertam. No ecrã a sua imagem passa sem consistência, como um mito. Na realidade, a estrela existe a partir de heróis e heroínas que protagoniza ... Os arquétipos femininos eram essencialmente o da virgem inocente – a mulher pura destinada ao sofrimento – a rebelde de olhos incrédulos, os lábios entreabertos compondo um jeito sarcástico ... A mulher fatal é um outro arquétipo importante, nela se confundindo dois tipos: a originária das mitologias mediterrâneas, e a vampe, com origem nas mitologias nórdicas ... A mulher burguesa começa, como tal, a identificar-se com o cinema porque o considera uma espécie de instituto de beleza, a partir do qual podia encaracolar os cabelos ou desfrisá-los consoante a *star* preferida" (Barreira, 1992, p.120).

estrelas tornadas próximas pelo cinematógrafo e deslumbraram-se com as vidas dos heróis e dos grandes amantes das telas.[32]

A alta burguesia e a classe média da capital paulista possuíam em seus quadros segmentos intelectualizados de mulheres viajadas, mais livres e com maior acesso ao conhecimento que os espaços urbanos podiam proporcionar. As pequeno-burguesas das cidades do interior eventualmente podiam partilhar desse universo cultural, assinando as revistas femininas do momento e lendo os suplementos dos jornais que lhes eram dirigidos. Mas foi o cinema que introduziu no seu cotidiano as imagens de vanguarda, as mulheres emancipadas de longas cigarrilhas entre os dedos e as apaixonadas, as aventureiras, as grandes românticas, mostrando outros mundos e novas maneiras de viver.

A magia e o poder de sedução do cinema marcou o imaginário feminino de toda uma época e atuou como órgão difusor de mentalidades, comportamentos e novos valores, servindo, também, para a construção de uma identidade social diferente da do século anterior. As primeiras salas que utilizavam o moderno cinematógrafo surgiram no Brasil por volta de 1896 e nas primeiras décadas do século XX já faziam parte do lazer cotidiano das capitais e de quase todas as cidades de porte médio do interior, conquistando em definitivo o interesse da população.

Nos anos 20 o cinema norte-americano começava a produzir grande impacto no panorama mundial da diversão e foi aceito imediatamente pelo povo brasileiro.[33] Em breve, tornou-se a di-

---

32 As revistas femininas brasileiras e portuguesas dedicavam páginas inteiras ao cinema, ao comentário da vida e dos amores dos atores e das atrizes, os últimos escândalos de Hollywood, os melhores filmes. As revistas educacionais veiculavam artigos alertando para o perigo do cinema e de sua influência na mente de crianças e jovens.

33 "O cinema foi conquistando especialmente o público feminino. Tanto nos filmes estrangeiros quanto nos nacionais – estes marcados por uma postura mimética em relação às produções americanas – a representação da personagem feminina enquanto mulher sedutora ou garota trabalhadora (*working girl*) independente impôs-se progressivamente sobre o imaginário da sociedade brasileira, ainda fortemente marcada por valores patriarcais ... O poder da imagem cinematográfica incidiu, portanto, não apenas nas condições materiais de vida das mulheres, mas e sobretudo no imaginário feminino da época, influenciando-o, propiciando mudanças significativas nas formas de representação do mundo e de si próprias" (Bicalho, 1989, p.95).

versão obrigatória das famílias, alcançando grande popularidade entre o sexo feminino. Não havia uma revista ou jornal dirigido às mulheres que não trouxesse notícias dos astros e estrelas, seus hábitos, casamentos, romances e escândalos.

As jovens interioranas, vivendo nos limites estreitos do espaço provinciano, tinham no cinema uma importante fonte de lazer, o que acabou contribuindo para algumas mudanças comportamentais. O espaço urbano do interior possuía peculiaridades que não se encontravam nas cidades grandes e populosas. O conhecimento e a amizade construídos por gerações, os laços estreitos de parentesco, a família numerosa envolvida com os demais membros do mesmo grupo parental, os lugares pontuais de encontros, a força maior da Igreja e da comunidade permeava a existência dos que transitavam em seus limites. Existia todo um universo protetor e coercitivo que vigiava e punia, onde imperava a curiosidade pela vida alheia e pelos problemas familiares que conviviam entre a solidariedade e a vigilância, somadas à intransigência social. Nesse esquema tradicional, costumes eram herdados e transmitidos pelas gerações, casavam-se os filhos e as filhas com as filhas e filhos de amigos que se conheciam desde a infância e o compadrio assim formado ainda estreitava mais os laços de amizade.

No espaço urbano que se expandia, as ruas eram pouco movimentadas e as noites quentes do verão possibilitavam ajuntamentos nas calçadas em conversas amenas, que raramente ultrapassavam as dez horas da noite, assim como os passeios pelas praças das igrejas. Eram comuns as visitas domingueiras para o almoço compartilhado, num ajuntamento de adultos, com velhos e crianças reunindo várias gerações. As festas de casamento eram os grandes acontecimentos sociais que, não raro, reuniam todo um bairro, assim como os batizados e os aniversários infantis de comparecimento obrigatório.

O rádio, pelas estações da capital, agia como o maior veículo informativo e estava ao alcance dos cidadãos da classe média. Era o agente catalisador e socializador do espaço urbano ao veicular as mesmas notícias e os mesmos acontecimentos para todos, diferente do cinema, por se difundir no interior das residências e ser de fácil acesso.

A Igreja reinava todo-poderosa sobre a maioria católica e tinha espaço garantido na vida social. Por isso, o casamento religioso se imbuía de um significado simbólico muito maior do que o civil, ao incorporar rituais e valores tradicionais. A missa aos domingos, as quermesses, as festas dos santos padroeiros eram momentos de confraternização e encontro. Os velórios contavam sempre com um número expressivo de visitantes, e, muitas vezes, à falta de um outro lugar, eram realizados ali mesmo na sala de visitas do morto, onde eram servidos litros de café e se desfilava o anedotário do sujeito, principalmente se este fosse alguém muito idoso e conhecido no meio.

Os clubes, os encontros sociais, os bailes e saraus dançantes faziam parte significativa desse universo, no qual todos se encontravam, se falavam e se conheciam.

Nesse espaço interiorano, a pequeno-burguesia e a classe média estabeleceram seus laços e seus limites, escolhendo as mesmas escolas para os filhos, a mesma educação, as mesmas expectativas de realização. Nesse quadro social, as mulheres eram avaliadas pela beleza física, pela religiosidade, pelos valores morais e pelas principais prendas domésticas nas quais se destacavam. Alguns lustros de cultura eram desejados e o conhecimento de outra língua, arte, poesia e literatura sempre impressionava. Existia um espaço que se situava no plano simbólico e que fazia que os desejos e as aspirações fossem coletivos. Nesse plano esculpia-se a individualidade, delineada no território ambíguo das mentalidades e do imaginário de uma época.

A mulher que transitava nesse espaço era a mãe de família preocupada com a casa e com os filhos, que aguardava o marido todos os dias para as refeições e o servia antes de todos. Era a moça sonhando com a felicidade proporcionada por um casamento seguro e com os futuros filhos que iria criar e educar de acordo com essas mesmas normas sociais. Se, para culminar, essas mulheres pudessem ter uma profissão que lhes possibilitasse uma certa independência e um pouco de liberdade, isso poderia significar um grande passo para a realização pessoal e profissional. Uma profissão que não demandasse empreender grandes voos ou romper barreiras sociais, causando conflitos familiares por sua possibilidade de comprometer o casamento e a maternidade. Bastava que o trabalho fosse honesto, aprovado e considerado acessível. Um trabalho digno, que permitisse cuidar do lar e ainda proporcionar um certo conforto com o salário recebido e que, principalmente, fosse bem aceito e devidamente autorizado pelo meio familiar e social.

Essa mulher que desejava ser professora também procurava construir uma identidade no contexto do simbólico e da cidade, buscava o prestígio social e cumpria um dever sagrado, ao mesmo tempo que alardeava sua vocação, a qual, por sua vez, justificava o desejo de seguir uma carreira que era comparada a um sacerdócio. Mas, com as alterações econômicas e a transformação nos costumes, algumas dessas mulheres passaram a desejar receber um salário e, com ele, adquirir bens materiais. Uma remuneração que lhes permitisse sustentarem-se com dignidade na falta de fortuna própria e libertarem-se, ainda que parcialmente, da tutela masculina não só era bem-vinda, como necessária. Com o tempo, por conta das dificuldades financeiras decorrentes do reflexo da economia do país, o salário da professora passou a ser importante também na vida da família e em alguns casos tornou-se até a única forma de sustento.

No ambiente interiorano encontraremos uma longa lista de professoras primárias ou de estudantes normalistas que, junto com o diploma, possuíam habilidades artísticas e musicais. Nem todas lecionaram ou submeteram-se às difíceis condições do magistério, fosse na cidade ou no meio rural, mas muitas realmente precisaram dar aulas para manter-se e ajudar em casa. Na História da Educação brasileira e nas análise sobre o trabalho feminino no país isso ainda não foi bem explicitado e durante algum tempo acreditou-se na falsa ideia do "ganho para os alfinetes". Para essas mulheres que se tornaram professoras, as escolhas foram realizadas nas fímbrias da vocação e no cerne da necessidade, aliadas à busca de uma identidade profissional feminina e dentro das possibilidades oferecidas. Descobri-las, acobertadas pela penumbra de vidas transcorridas num espaço anônimo, mostrou que, entre a mentalidade, a identidade, a simbologia e a realidade, existem interstícios a serem preenchidos e um estreito espaço a ser interpretado e que pode descortinar um universo perdido em anonimatos e omitido na história.

Foi o século XX que apresentou a essas mulheres um universo encoberto na domesticidade do século XIX e entreabriu-lhes o espaço da profissionalização e de uns princípios de liberdade e autonomia financeira.

Nas cidades do interior esse processo foi mais lento, como costuma acontecer em sociedades mais fechadas e voltadas para si próprias, e ocorreu no rastro dos costumes da capital do Estado de São Paulo. Era uma outra forma de estar no mundo, de conhecer-se e respeitar-se como mulher e indivíduo. Isso reservou para o segmento feminino uma nova perspectiva de vida e de trabalho, tudo num estado de moderação, de provincianismo e de tradicionalismo interiorano, bem brasileiro e bem paulista.

As vozes dessas mulheres ecoam nestas páginas e desvendam um universo pouco conhecido e pouco explorado, porque seu trabalho dilui-se no cotidiano e no impacto dos grandes eventos como costuma acontecer com vidas comuns, de pessoas também comuns e que representam a maior parcela dos agentes sociais. Recuperar essa história pode ou não trazer grandes revelações, mas permite fazer emergir um dia a dia que, de uma forma ou de outra, determinou os rumos educacionais no país.

O MUNDO DA CASA E O ESPAÇO PÚBLICO

No ambiente provinciano do interior paulista, ser mulher até meados do século XX era permanecer quase nos mesmos padrões estabelecidos nos seus anos iniciais. As cidades do interior sempre foram mais conservadoras do que as capitais, onde os costumes mudavam mais rapidamente em meio à multidão urbanizada e frequentemente cosmopolita, como ainda acontece nos grandes centros.

Nesse período a família achava-se solidamente estruturada e formalmente constituída com filhos numerosos. As relações parentais estabeleciam-se de forma hierárquica, havendo grande respeito para com os pais e rigidez na educação da prole. As crianças eram criadas para a obediência e acatamento das ordens dos adultos e era normal que o círculo de parentes fosse ampliado pela presença de tios, avós e padrinhos, em constante contato com a família, interferindo e colaborando com a educação dos filhos, revezando-se nos cuidados e imprimindo especial atenção ao comportamento feminino. O pai, nessa classe média que tomava corpo no cenário interiorano paulista, era o chefe da casa, "cabeça" do casal e sua autoridade era inconteste. A mãe incumbia-se das lides domésticas e do cuidado com os filhos e nesse mister ocupava-se integralmente, raramente trabalhava fora de casa. A vida em família alicerçava-se no respeito e no acatamento das normas:

> Nunca ouvi meu pai levantar a voz dentro de casa, como era diferente! Com os filhos nunca gritava, às vezes alguma repreensão, eram muitos filhos. Éramos doze, não era brincadeira! Aí perdemos uma irmã, somos onze hoje. Meus pais nunca brigavam. Se se desentenderam foi reservadamente, porque perto de nós não. (D. Helena)

A família incorporava hábitos burgueses como o sentar-se à mesa e desfrutar uma boa refeição, situação em que deveria primar o trato afável e as boas maneiras. As relações de vizinhança davam a tônica a um tempo em que o privado e o público estabeleciam um entendimento harmonioso e o círculo familiar desfrutava o lazer, representado pelo espaço urbano e pela socialidade:

> Na minha casa também tinha muita harmonia. Minha mãe era filha de italianos, meu pai era filho de mineiros, mais calmo. Naquele tempo era norma, o respeito dentro de casa, mesmo que houvesse alguma coisa, todos procuravam disfarçar para viver em plena harmonia. Mas era uma vida tão boa ... Éramos cinco, depois que nasceu essa irmã mais nova. Nós morávamos em Ribeirão Preto em frente ao jardim da catedral. Ali a gente brincava no jardim toda noite. Mamãe e papai sentavam lá toda noite e tinha um vizinho que era médico, ele sentava com a senhora dele e ali era a nossa vida. (D. Maria Eugênia)

Os membros do clã familiar levavam uma vida simples, sem consumo excessivo, preocupando-se em poupar e não desperdiçar os bens materiais. Muitos, descendentes dos imigrantes europeus, incorporaram hábitos de poupança originados da vida sacrificada dos seus antecedentes. Os filhos eram mantidos dentro do indispensável e a casa ainda não apresentava os confortos decorrentes da industrialização e do consumo dos anos em devir:

> Falam que a vida agora é muito difícil, mas é muito mais fácil do que no nosso tempo. Porque hoje as moças mais simples têm três, quatro pares de sapatos, frequentam clubes, vão para festas, viajam. Quando eu era criança? Eu, que vinha de família que não era rica, mas também não era tão pobre, tinha um paletó, que era o de ir à escola, o azul-marinho, e quando muito um outro para sair, dois pares de sapatos, o de escola e o de sair. Roupa, comprava no Natal e no aniversário ganhava um vestidinho. Roupa da irmã maior ficava para a menor, era assim naquela época. Hoje não, todo mundo tem tudo. Que casa tinha geladeira? Na minha casa tinha uma de madeira ... Era tão chique ter uma ... Minhas amigas não tinham. (D. Maria Eugênia)

As meninas e os meninos eram educados para se comportarem no espaço privado e principalmente em público, não interferindo nas conversas dos adultos e pedindo licença para entrar ou se retirar de algum lugar onde estivessem os mais velhos. O momento das refeições congregava a família em torno da mesa do jantar e o horário deveria ser observado por todos. Havia um ideal de família baseado no respeito entre seus membros, na união e na submissão da mulher e dos filhos ao marido, que reinava absoluto na sua autoridade:

> Quando eu era criança, o comportamento era muito severo. Não tinha isso de brincadeira, as crianças eram comportadas. Hoje não. Meus netos nem sabem comer direito. Nós fomos educadas nas maneiras, nos comportamentos e no respeito. Naquele tempo, a família comia junto, hoje não, eu faço a comida e deixo no fogão, cada um chega numa hora ... A mesa era posta, isso era muito importante, eu sinto falta disso. Mamãe ensinava a gente a bordar e a rezar. Porque ela foi educada em colégio de prendas domésticas, mas o meu pai era muito bravo... (D. Maria)

As mocinhas da classe média do interior eram severamente vigiadas e mantidas sob controle disciplinar pela família, não somente pelo núcleo central, como também pelo periférico, representado por avós, tios e primos, que igualmente se encarregavam de zelar pela sua reputação e sua honra. Isso tinha como objetivo preservar, principalmente, a respeitabilidade da família e dos seus membros masculinos. A ingenuidade e a fragilidade eram atributos desejáveis e admirados e, juntamente com a pureza, eram parcerias indispensáveis para a moça de família, que um dia seria esposa e mãe. Para manter a jovem intocada da maledicência e impedir arranhões que maculassem sua dignidade, raramente lhes era permitido sair sozinhas, mesmo para irem a lugares respeitáveis:

> Quando eu tinha já em torno dos 14 anos, que eu estava já bem adiantada no colégio e se também tinha nota boa, uma vez por semana, ou sábado ou domingo para não atrapalhar os estudos, podia dar uma voltinha no clube. Mas era junto com a minha avó, sozinha não. Lá a gente conversava com as colegas. Não tinha piscina. Baile eu nunca fui... (D. Elza)

> Eu fui. No começo não podia dançar, era só para apreciar. No começo meu pai não deixava, então acho que as mães das amigas achavam a gente assim com a cabeça assentada, então eu levava as mocinhas ao baile e entregava depois. Enquanto a mãe não abrisse a porta eu não saía de lá. Tinha uns 20 anos. A gente entregava. Tinha meu irmão que ia junto, batia na porta, a mãe vinha receber a filha e a gente olhava durante o baile se a moça estava se retirando do salão, eu tinha que verificar. Eram as senhoras mais de idade que dançavam. (D. Helena)

> Teve tempo que a gente morou com minha avó e com três tias solteiras. A paixão delas era receber carta. Toda noite, para disfarçar, para a gente poder sair, minhas tias falavam, "Eugênia, vou ao correio ver se tem carta". Ia ao correio, abria a caixa, o passeio era esse. Ou então ia à igreja. Toda noite tinha reza, era uma devoção tremenda, tudo para sair de casa! Nove horas da noite, se você não chegasse até a última pancada, estava lá no alpendre, debruçada, aquela fera... (D. Maria Eugênia)

A educação das crianças nos primeiros anos da infância era igual para os dois sexos no interior da família, mas, depois da entrada na adolescência, as meninas cujas famílias possuíssem meios para isso iam para o colégio de freiras, o que representava um considerável investimento financeiro, e era mais comum que os meninos continuassem frequentando os grupos escolares do Estado. A partir daí se iniciava uma educação diferenciada para a menina, voltada para o respeito e a submissão:

> No colégio de freiras que eu estudei era uma energia tremenda, um silêncio, uma ordem. Usava saia preguada de casimira, meias três quartos, sapatos fechados, gravata, blusa toda abotoada, uma disciplina ... A madre passava e a gente tinha nota de comportamento, de civilidade, de aplicação... (D. Maria Eugênia)

Nos anos 40, um tipo de publicação que fez grande sucesso entre as jovens intitulava-se *Biblioteca das Moças*.[34] Essa coleção, lida por nove entre dez mocinhas casadouras, indicada pelos colégios religiosos e que contava com a aprovação dos pais, foi capaz, no plano simbólico, de modelar o imaginário das jovens e normatizar condutas. No modelo feminino divulgado por esse tipo de literatura, as mulheres deveriam ser bondosas, castas, puras, discretas, com capacidade de sacrifício e renúncia. A submissão e a doçura compunham o padrão ideal, cujo reinado era no lar. A delicada natureza feminina deveria ser preservada, o que inviabilizava que as jovens exercessem algum trabalho assalariado, exceção feita ao magistério e enfermagem pela aura de desprendimento, sacrifício e abnegação com a qual essas profissões se revestiam. Desse ponto de vista, os livros da *Biblioteca das Moças* colaboravam para definir papéis sexuais e veicular uma imagética social sobre o magistério feminino:

---

34 Os romances dessa coleção foram analisados por Cunha (1994, p.141), no artigo "*Biblioteca das Moças*: contos de fada ou contos de vida?", e aborda as representações de mulher e professora veiculadas na coleção. Os romances tiveram grande repercussão dos anos 40 aos 60 e eram traduzidos, sobretudo, do francês, sendo as obras mais difundidas as de M. Delly, pseudônimo literário de um casal francês. As histórias remontam a um passado europeu, incluem membros da aristocracia e influenciaram o imaginário das mocinhas casadouras que se espelhavam na França como polo cultural e educacional do mundo civilizado. Segundo a autora, "entre casais não há alusão a contatos físicos. O corpo é muito pouco mencionado, tudo parece estar sob controle (principalmente a sexualidade) e as referências se restringem a grandes olhos aveludados, dedinhos afusados, lábios carminados para ela, e estatura elegante, porte soberbo, olhar penetrante para ele. A imagem da mulher era identificada à da Virgem Maria".

a leitura foi um dos processos que ajudaram a sedimentar a imagem do magistério como "ocupação ideal para mulheres", junto com outras ideias expressas por educadores que argumentavam ser o magistério carreira mais adequada à natureza feminina, pois requeria amor, dedicação, minúcia e paciência. Figuras maternais e puras ... imagens construídas sobre os atributos da mãe ligam-se visceralmente à imagem da professora. O papel da professora seria a extensão de uma atividade que já ocorria dentro de casa. (Cunha, 1944, p.143)

Certamente não se pode afirmar que a influência dessas leituras tenha sido generalizada, nem lhes atribuir um papel extraordinário para a mudança das mentalidades e na construção da identidade feminina de então, mas é evidente que os livros, lidos pelas moças românticas e inexperientes, veiculavam valores que interferiam no seu comportamento. Se esses valores eram totalmente incorporados ou se realmente alteravam os costumes femininos de forma significativa, fica difícil afirmar, dado que existe uma liberdade de escolha que concerne a todo ser humano e que o faz traçar seu próprio caminho, que, muitas vezes, é diferente daquilo que dele se espera.

No âmbito cultural, o cinema era uma das poucas opções de lazer, desde que as moças observassem o horário de chegada em casa e se as películas fossem consideradas respeitáveis pela família:

O jornal trazia um critério dos filmes, assunto que podia entrar todo mundo. Aí falava, "mamãe, hoje eu queria ir no cinema". Ela dizia, "pega o jornal lá, que filme vai passar? Esse não pode, esse não é para a idade de vocês". Era uma exigência danada. (D. Maria Eugênia)

As moças podiam obter permissão para sair de casa sozinhas quando tinham um pouco mais de idade, porém, "sozinhas" significava sem a companhia do pai e da mãe, mas com primos, irmãos, vizinhos, amigos íntimos, como se fossem da família. O namoro se fazia de longe, pois não era permitido namorar sem a permissão do pai e quando isso acontecia significava que, possivelmente, ia sair casamento. Dificilmente a moça namorava mais de um rapaz, o que, se ocorresse, abalaria sua reputação. Os relacionamentos entre os sexos ou se davam no círculo familiar, ou aconteciam durante o passeio, ao cair da noite, no centro da cidade, durante o que chamavam de "*footing*", quando moças e rapazes trocavam olhares e flertavam uns com os outros:

> Era assim, tinha o *footing* lá no centro, três quarteirões. Então os rapazes ficavam no meio da rua parados e nós andávamos para cima e para baixo, passeávamos aqueles três quarteirões, tudo de bracinho dado. E depois, se o rapaz quisesse qualquer coisa, saía lá do meio da rua e vinha conversar. (D. Helena)

Para as moças era impensável estar a sós com o namorado ou com qualquer rapaz, mesmo conhecido da família. O namoro e o noivado eram vigiados até a data do casamento e este acontecia logo após a formatura da Escola Normal ou pouco depois. Conforme já apontado, era comum que a jovem se casasse com o primeiro namorado pelo fato de que ter muitos namoros não era bem aceito, aliás, era motivo de condenação social e moral e poderia acarretar sanções para as transgressoras que ousassem ter várias experiências amorosas ou que tivessem a infelicidade de ter um compromisso desfeito:

> Eu casei com o primeiro namorado. Ele era meu vizinho. Eles iam em casa brincar, as irmãs e os irmãos dele, todo mundo brincando de passar anel, dessas bobagens, ia lá pro laticínio ... No fim virou namoro, minha avó sempre vigiando ... Só que não usava muito esse negócio de namorar um, namorar outro. Se já chegasse no terceiro, que acontecia às vezes, aí já começava a turma a pôr uns apelidinhos assim ... "Vassourinha" não era nada, pior era quando vinha coisa pior ... "galinha"! Era o termo usado. (D. Elza)

A extrema religiosidade derivada da influência do catolicismo e os preceitos morais da sociedade, aliados a uma legislação civil absolutamente conservadora, pregavam a indissolubilidade do casamento. Nem a sociedade, nem a família aceitavam a possibilidade da dissolução do matrimônio e o divórcio ainda nem existia na legislação brasileira. Se uma separação acontecesse, a mulher passava a ser apontada e menosprezada, embora o mesmo não pudesse ser feito com a viúva, dado que a viuvez possuía uma aura de respeitabilidade derivada do estado de desproteção da mulher. Porém, muitas vezes, o "casar-se para sempre", para as mulheres, por razões morais, estendia-se mesmo após o falecimento do marido. No caso de uma separação conjugal, a ideia de um novo relacionamento certamente destruiria a reputação da que ousasse dar esse passo e os costumes tornavam os cônjuges para sempre prisioneiros de suas escolhas:

> a gente quando assumia casamento antigamente, era como ser padre. Não tinha esses negócio de agora, que vive um ou dois anos com o marido e joga tudo para o alto. Fidelidade era ponto pacífico, tinha que ser fiel. (D. Helena)

No interior da família procurava-se dar uma boa educação geral e ensinar às jovens as prendas domésticas. No entanto, a educação sexual era inexistente e as moças casavam-se sem ter nenhuma noção sobre sexo, menstruação, gravidez e parto. O mesmo passava-se com os rapazes, que acabavam aprendendo no mundo da rua ou em discutíveis manuais de sexo aquilo que necessitavam saber para sua vida íntima.

A invenção do casal no século XIX, a influência da Igreja e o discurso médico-higienista legaram ao século XX o repúdio ao celibato e o apoio irrestrito ao casamento, sem, porém, instruir os futuros cônjuges sobre a sexualidade. A mentalidade vigente apelava para o sexo dentro do casamento e sacramentado pelo rito católico, inculcando um ideal de pureza para o casal que era facilmente transigido pelos homens, mas impensável de ser rompido pelas mulheres. Talvez porque manter as jovens na ignorância fosse o melhor caminho para preservar sua castidade. A esse respeito, Adler observa que:

> A jovem donzela é casta, pura, inocente. Sabe que está no mundo para imitar a mãe, a avó: pôr canários a chocar, compor herbários, tecer. Mal saia do convento ou de uma instituição religiosa, seus pais apresentar-lhe-ão, consoante o montante do dote, um jovem de quem ficará noiva. Para satisfazer esta lógica implacável que reina na burguesia, bastar-lhe-á orientar todas as suas faculdades para a futura maternidade. (1983, p.18)

Embora o costume do dote tenha ficado no século XIX, no interior paulista não era rara a interferência da família nos futuros esponsais dos jovens. Os enlaces aconteciam entre os filhos de aliados políticos, amigos de longa data e vizinhos de bairro. Muitas vezes, os futuros esposos se conheciam desde os tempos de criança e haviam brincado juntos. O casamento era o grande sonho da jovem interiorana que nele via a possibilidade de sair da casa paterna e construir seu próprio espaço privado. Os agentes sociais incutiam a ideia de que ser mãe e dona de casa constituía-se a principal missão feminina e nisso não divergiam do discurso social e religioso do século anterior. Casar-se e não trabalhar fora, dedicando-se integralmente ao lar, era socialmente aprovado e motivo de orgulho. Para essas mulheres bastava que possuíssem as prendas domésticas desejadas, a postura moral, os cuidados higiênicos, algumas noções de puericultura e economia doméstica e saber um pouco de culinária, talentos considerados essenciais para a perfeita organização do lar e para o conforto do marido e dos filhos. A ideia do trabalho feminino fora do lar ainda era incipiente e não encontrava muitos adeptos entre os dois sexos.

Preparadas para serem donas de casa, o casamento sempre foi o destino natural para as mulheres e a solteirice ou era mal vista ou causava pena. A literatura romântica ressaltava o desejo do matrimônio e um bom romance de amor nunca poderia eximir-se de estampar, no final, o enlace do apaixonado casal.

Não se casar e, por isso, não conseguir realizar-se como mãe era motivo de infelicidade para a jovem e para sua família. Quando isso acontecia – e devia acontecer até com uma certa frequência, dado que o número dos representantes dos dois sexos nem sempre coincidia e ainda havia o êxodo dos rapazes para tentar a vida na capital –, a moça solteira permanecia na casa paterna, incumbida de cuidar dos pais na velhice e dos sobrinhos e sobrinhas. Frequentemente, refugiava-se na religião e se tornava a carola que devia enfeitar os altares e andores das procissões, figura assídua das missas e dos velórios, observada com pena pela comunidade, recebendo atributos de excentricidade e revolta. Conforme os anos iam passando e o sonho do casamento ficava cada vez mais remoto, a solteirona tornava-se amarga, desiludida e o baú do enxoval, recheado dos guardados e dos bordados que se acumularam ao longo dos anos de espera, esvaziava-se cada vez que se casava uma sobrinha ou filha de uma amiga. O próprio nome até há bem pouco tempo era sinônimo de desafeto, de tristeza, de solidão, quase tanto quanto a viúva, mas a esta restavam pelo menos as lembranças...

É dessa época uma quadrinha que meu pai, que nasceu nos primeiros anos deste século, cantava quando me embalava em noites de febre, na velha cadeira de balanço da sala e que gostaria de transcrever aqui e, assim, preservar um pouco da minha memória:

Dona Vera, quando moça,
foi catita, foi bonita, mas
não soube aproveitar...
E ficava lá na rede, tricotando,
não saía namorar!
Dona Vera casamento está difícil de achar,
só mesmo se Deus te ajudar!
Dá pena, ora se dá, dá pena, ora se dá,
dá pena mas dá raiva também,
mulher velha e sem vintém
e querendo se casar!   (Anônimo)

Esse tipo de imaginário acerca da mulher solteira não deixava de ser um mecanismo de discriminação social ao alijá-la do círculo das matronas respeitáveis, rodeadas pelos filhos e netos e apontadas como exemplo de realização pessoal, mesmo que tivessem passado a vida entre fraldas e mamadeiras, num constante servir e providenciar bem-estares alheios. Mas, não foram poucas as *donas Veras* que gostariam de estar no seu lugar e lhes invejavam a prole.

O trabalho feminino fora das prendas domésticas era interdito às jovens, dadas as reduzidas opções profissionais e os costumes que ditavam o que era apropriado para seu sexo:

Eu podia pender para bordado. Minha avó cozinhava muito bem, eu podia ser cozinheira. A gente tinha de ajudar para aprender a cozinhar, minha mãe fazia a gente bordar o dia inteiro. Quando não tinha serviço, tinha que bordar. Acho que a gente era preparada para ser dona de casa. (D. Elza)

Eu queria ser enfermeira. (D. Maria)

quando eu tinha onze anos eu entrei na Singer para aprender a fazer bordados e vendia e dava dinheiro em casa. Depois fui estudar ... Eu não pude trabalhar. (D. Helena)

Havia porém algumas famílias que tinham pontos de vista diferenciados, embora houvesse exceções:

> Mulher não era só para casar. Era para trabalhar, para se realizar profissionalmente, para estudar, para aprender ... Eu acho que é diferença da família. A vovó via longe. Todas as minhas tias eram formadas, eram professoras de grupo, não era só ser dona de casa. Eu acho que a finalidade para nós, minhas irmãs, minhas tias, era uma cultura geral. (D. Maria Eugênia)

Essa classe social que transitava no espaço urbano do interior cuidava da saúde, respeitava a educação e considerava desejável que seus filhos e filhas soubessem algumas línguas, francês principalmente, e fossem iniciados nos hábitos de leitura. Alguns dos progenitores eram filhos de europeus que haviam imigrado com os pais e possuíam lustros culturais que desejavam também para os descendentes:

> Em parte de educação sexual na minha casa não tinha nada, era proibido. Mas em educação era evoluído. Meu pai era espanhol e não aceitava que no Brasil a gente aprendesse no primário apenas a nossa língua. Ele estudou em colégio de padre na Espanha e sabia o latim, o francês, o inglês ... A cultura dele era muito maior, veio de lá criança, achava a gente muito ignorante. Queria que tivéssemos uma cultura mais elevada. Minha mãe ficava ensinando, queria que a gente fosse mais à frente na escola. Com 14 anos eu lia toda a Revolução Francesa ... Tanto que eu lia demais. Às vezes eu lia escondido até. Tinha os livros que eu podia ler, com o meu pai. Ele só gostava de livros de cultura. A maior parte que a gente lia eram romances. (D. Elza)

> Em casa era a mesma coisa, podia ler os livros que minha tia tinha, que nós tínhamos, frequentava muito a biblioteca pública, em Ribeirão era tão boa a biblioteca ... Tinha um índex, os livros que podia ler e os que não podia. Então a gente nunca cogitou de ler *Casa Grande & Senzala*... (D. Maria Eugênia)

> Um tio trouxe em casa *O primo Basílio* e eu peguei para ver. Minha mãe me pegou pela orelha e até me torceu a orelha. Eu só podia ler livro de santo, sabia todos os livros dos santos. (D. Elza)

MULHER E EDUCAÇÃO: A PAIXÃO PELO POSSÍVEL   181

A sólida e castradora formação religiosa contribuía para manter as moças ausentes de qualquer conhecimento mais avançado acerca de seu próprio corpo e da sua sexualidade. As questões sexuais não faziam parte da educação das jovens na família e na escola, se tivessem de aprender, teriam de fazê-lo depois de casadas:

> Era como dogmas de religião, né? Encontrou os dogmas não pergunta por quê. Porque é assim ... Nossa educação era desse jeito, uma ignorância então em parte de tudo, na parte do ensino, na parte de educação, de educação sexual não tinha nada. (D. Maria Eugênia)

As crianças obtinham na escola a sistematização das normas higiênicas que recebiam em casa. A escola veiculava os padrões a serem seguidos e as campanhas pela prevenção de doenças e preservação da saúde passavam necessariamente pelo seu interior. A instituição escolar era o espaço público que interagia ativamente com a sociedade e veiculava normas e valores num mundo ainda bastante provinciano, apegado a tradições passadas, e onde imperavam as longas descendências e estreito parentesco. A sociedade, por sua vez, aliava-se à escola nas campanhas para elevar a educação da população. Nesse cenário, os professores e as professoras, assim como os administradores do campo educacional, possuíam inegável prestígio representado pelo aspecto intelectual do conhecimento e da cultura.

Apesar de alguns estudos afirmarem que a Escola Normal, frequentada pelas jovens nessas décadas, era uma espécie de curso preparatório para o casamento e para a maternidade, isso me parece uma redundância. Para ser mãe, necessariamente, a jovem normalista teria de passar pela experiência sexual e, nesse campo, tanto a escola de qualquer nível como a família eram deliberadamente omissas. As jovens poderiam até receber os ensinamentos necessários de como cuidar da casa, bordar, cozinhar, alimentar os bebês, mas sobre sexo eram mantidas na mais extrema ignorância; aliás, não só sobre o sexo em si, mas como em tudo que se referia à sexualidade, como menstruação, concepção e gestação.

Os manuais de Economia Doméstica utilizados nas escolas davam conselhos sobre higiene da habitação, arranjo da casa, conservação das roupas, preparo dos alimentos, contabilidade doméstica, noções de puericultura, conselhos às donas de casa e às mães, mas nada de educação sexual. Os conselhos às noivas, lidos no *Livro das noivas* de Júlia Lopes de Almeida, até bem pouco tempo faziam parte desses manuais e podiam ser encontrados nos caprichosos cadernos de Economia Doméstica, copiados com letras bem torneadas e cercados de desenhos floridos e delicados:

> Não te resignes a ser em tua casa um objeto de luxo. A mulher não nasceu para adorno, nasceu para a luta, para o amor e para o triunfo no mundo inteiro! Vivendo do coração exclusivamente, expomo-nos aos mais pungentes golpes. Foram para nós inventadas as dores mais cruéis, foram-nos confiadas as mais delicadas missões. A felicidade humana deriva do que vive sob a nossa responsabilidade. É a nós, como mães, que a pátria suplica bons cidadãos; é de nós, quando esposas, que a sociedade exige o maior exemplo de dignidade e de moral. Com a educação superficialíssima que temos, não meditamos nisto e levamos de contínuo a queixar-nos de que é nulo o papel que nos confiaram ... Como poderíamos, todavia, encontrar outro mais amplo e mais sagrado?[35]

Ao colaborar para regrar o comportamento feminino e incentivar as mulheres a casarem, serem mães, cuidarem dos filhos e se responsabilizarem pelos cuidados higiênicos da família, a escola adotava a mentalidade rígida e moralista da época e lhes negava o conhecimento do próprio corpo e do seu funcionamento, ministrando uma educação desvinculada da realidade e dos preceitos da natureza:

> Minhas aulas de Biologia você imagina como eram. Quando chegava na parte de nascimento, nenê, essa parte toda foi para o lado. Estava no livro, mas não podia falar, estudava como as plantas, fecundação etc. As mães não falavam nada. (D. Elza)

> Quando a minha última irmã nasceu, eu já tinha dezesseis anos, eu nem cheguei a saber que ela, minha mãe, estivesse grávida, porque não falava. Via que ela fazia roupinhas, bastante roupinhas e perguntava, "para quê tanta roupinha? – Pra dar para as crianças",

---

35 Esses conselhos foram extraídos do *Livro das noivas* de autoria da conhecida escritora Júlia Lopes de Almeida, compilados no manual de Economia Doméstica de Isabel de Almeida Serrano (1950, p.35). Esse tipo de leitura era divulgado com frequência na Escola Normal, que possuía uma disciplina com esse nome.

ela respondia. Uma manhã eu me levantei, já estava no Pré-Normal, minha mãe não estava no quarto. Aí perguntei, "cadê mamãe? – Seus pais foram pro hospital para ter nenê". Mas que nenê? Porque usava aquelas roupas largas, era gorda ... Quando eu estava no colégio, tive que fazer uma poesia. Fiz uma tão bonita, de um pescador que tinha ido pescar um ano, e tinha chegado em casa, e ficado tão feliz, porque tinha um nenenzinho esperando por ele. Era mocinha de 4º ano de Ginásio! As pessoas seguiam muito a religião, tudo era pecado. Não sabia nem o que era virgindade. (D. Maria Eugênia)

A ausência de educação sexual na família e na escola, o recato do namoro, a vigilância do grupo familiar e comunitário, a inexistente intimidade do casal cooperavam para manter as moças na ignorância de tudo que se referia às questões do sexo. Eram jovens ingênuas que iniciavam uma nova família sem sequer conhecer os mais elementares princípios de convivência física e até mesmo emocional com um homem. Casavam-se desconhecendo os resultados do sexo, a gravidez e como evitá-la, daí as famílias numerosas, os partos complicados, os problemas de saúde:

A minha família era muito liberal, a gente saía, passeava, mas nesses assuntos era muito fechado, era tudo muito escondido, era um tabu. A minha irmã é que dizia, "acho que a mamãe ainda acredita em cegonha". (D. Maria Eugênia)

Eu ainda não sabia como nascia uma criança quando estava para nascer minha filha! Não sabia absolutamente nada, como se fosse uma boneca. A gente brincava muito de casinha, com meus irmãos. Minha avó fazia bolo para a gente brincar. Pensei que casamento fosse aquilo, uma brincadeira de bonecas, não sabia nada. Você vê o absurdo daquele tempo. Quando minha filha estava para nascer eu vim de São Paulo, não tinha ido ao médico, não sabia de nada porque também não tinha ido ao médico. Estava na Igreja da Matriz quando me senti mal, fui em casa e falei para minha mãe. Aí ela falou, "você é muito extravagante. Vai ver andou comendo alguma porcaria". E como minha dor não passava ... Aí, depois que minha filha nasceu, Dona Rosa perguntou se tinha tido algum sinal. E eu disse, "eu não, o único sinal que eu tenho foi o de operação de apendicite". As coisas existiam, mas ninguém comentava. (D. Elza)

A normatização da conduta feminina passava necessariamente pela ignorância e pela omissão deliberada em instruí-las acerca da sexualidade. Isso significava vigiar as leituras, os filmes, as amizades, os passeios e a educação recebida na escola. A Escola Normal, como instituição eminentemente feminina desde antes desse período, as ensinava a serem mães e fornecia noções de puericultura e economia doméstica, mas não informava acerca da reprodução humana do ponto de vista biológico.

A norma social e escolar queria que as jovens compreendessem o que delas se esperava do ponto de vista do desempenho do papel materno, mas se isentava de fornecer informações acerca dos atos físicos que esse papel comportava. A educação religiosa e o culto ao arquétipo da Virgem da religião católica encarregavam-se de reforçar esse entrelaçamento de normas sociais e preconceitos morais, alijando da privacidade o ônus do pecado, reforçado por uma sociedade que propunha a interdição do amor carnal fora do matrimônio, sendo duras as penas impostas às transgressoras. Os tratados de Higiene reiteravam essas proibições ao eximir de seus preceitos toda e qualquer conotação com a sexualidade. As restrições sexuais não se reservavam apenas às moças, pois os rapazes também deveriam observar determinadas normas para a preservação do corpo, a fim de não comprometer a saúde dos futuros filhos.[36]

OS PROCESSOS DA ESCOLHA PROFISSIONAL

A escola, vista como uma continuação do lar, mantinha o mesmo cerimonial usado na família, como a ordem, a submissão,

---

36 "Se um jovem não for instruído acerca de si mesmo e das mulheres, cedo ou tarde sua sede de saber e de experiência o levará à masturbação ou à prostituição. Deve ser ensinado que suas paixões desenfreadas e egoístas poderão destruir vidas e lares; que se violar uma moça antes de a desposar, a despojará de algo que nunca lhe poderá ser restituído. Tê-la-á roubado de sua virgindade e arruinado sua oportunidade de ser feliz com algum rapaz bom e honrado que a poderia ter desposado ... Se ele procura a experiência entre aquelas infelizes cuja profissão é a satisfação das necessidades do homem, ainda está em piores condições, porque tal associação degradante só lhe poderá trazer miséria e ruína. Relações com prostitutas podem acarretar horríveis moléstias que porão em perigo até as inocentes vidas de seus futuros descendentes" (Gair, 1951, p.15).

o bom comportamento, o respeito aos mais velhos e à autoridade e a subordinação de todos, alunos e professores, à figura do diretor. Os ritos escolares em muito se assemelhavam aos praticados em casa e na igreja:

O professor ensinava o lugar na fila, depois do sinal ninguém abria a boca. Cada professor ficava na frente da sua fila, depois cantava-se o Hino Nacional e o Hino à Bandeira, todos os dias. Subíamos em silêncio, na porta já esperava o mestre, este entrava e mandava a gente entrar. A gente ficava de pé ao lado das carteiras, orava e começava a aula. (D. Helena)

A gente esperava o professor entrar, fazia a oração à pátria, cantava o hino ... O professor fazia a chamada, depois começava a leitura. Se a classe tinha 100% de comparecimento, ganhava uma bandeira que ficava na entrada da sala. Eram bandeiras pequenas. No recreio a gente saía, comia o lanche que levava de casa, não tinha merenda como tem hoje. (D. Elza)

O papel educativo da escola e dos professores era algo aceito sem resistências:

No meu tempo a escola era uma continuação da família. Agora não sei. A escola instruía, educava e assistia. Era um segundo lar para as crianças ... A mãe era muito ocupada, não tinha muito tempo para isso. Meu pai assistia muito porque minha mãe não tinha tempo pois ela trabalhava muito. A professora assistia em relação às amizades, às companhias, a maneira da criança se comportar na classe e na amizade com os colegas... (D. Maria)

A autoridade da professora era ressaltada, assim como seu direito de educar e punir os faltosos, referendando seu papel de mãe:

Os pais, a família davam muita força à professora, se interessavam. Eu custei muito a aprender a tabuada. Um dia a professora me pôs para fora da classe. Meu pai vinha vindo da roça e me viu encostada na parede. Eu estava envergonhada, não ofendida, nem triste, eu estava envergonhada. Meu pai perguntou o que tinha acontecido. Eu disse, nada não. Meu pai falou, "a gente conversa lá em casa". Ah! Quando fui para casa ... Ah! Ah! Aí que eu vi como foi difícil aprender tabuada! Ele pôs um rabo de tatu ali do lado e disse, você só sai quando aprender tabuada, você vai aprender tabuada, senão apanha de rabo de tatu. (D. Maria)

Tinha que respeitar os mestres e entender que eles estavam no lugar dos pais. (D. Helena)

Ao referendar o papel educativo da escola também se aceitava o direito ao castigo às mínimas faltas cometidas:

Minha professora era excelente, a D. Erlana, mas isso foi no tempo da palmatória. A gente apanhava de palmatória se errasse as coisas ... a D. Erlana era muito boa, tinha muita paciência, mas de vez em quando dava umas palmatórias... (D. Elza)

Quando não era a palmatória, havia outros instrumentos:

A professora do 3º ano ... professora Cristina, não esqueço dela até hoje! Nossa! Como era brava! Ser enérgica é uma coisa, ser brava é outra. Trabalhava com o ponteiro na mão. Ponteiro era um objeto roliço que vai afinando nas pontas e ela com ele, ia mostrando na lousa, se errava, ai, ai, ai ... às vezes pegava um pouco no ombro... (D. Helena)

A organização administrativa da escola pública ainda titubeava quanto ao melhor direcionamento a dar às estruturas escolares. Havia, em muitas escolas, o costume de a professora acompanhar os alunos pelas diferentes séries até que estes concluíssem o curso primário:

Só tive uma professora em quatro anos. Tinha substituta, mas só nos dias em que ela faltava. A minha professora acompanhou, era uma professora só. Eu também, quando lecionei acompanhava a turma. Meu diretor fazia a gente acompanhar a turma, ele achava que o aluno tinha mais convivência, mais amor com a professora se ela acompanhasse a turma. A gente ia do 1º ao 4º ano com a mesma classe e com a mesma professora. (D. Elza)

Mas isso não ocorria em todas as escolas e algumas adotavam o regime de colocar um professor ou professora para cada classe:

Eu fiz escola pública, fiz o curso primário, depois ginásio e Normal no Colégio Progresso. Cada série tinha um professor diferente.

Fiz na escola Pedro José Neto. Tive três professoras e um só professor, no 4º ano, o professor Mendonça, não esqueço dele até hoje. (D. Helena)

A diferenciação sexual no ambiente escolar não parecia ser percebida pelas meninas do curso primário, apesar de algumas das entrevistadas considerarem que essa diferenciação não se dava em casa, onde meninos e meninas possuíam variados graus de liberdade:

No meu tempo não tinha disso, em casa meu irmão apanhava como todas nós ... depois dos catorze anos começou a ser diferente. Até a idade escolar era o mesmo regime, tinha que chegar em casa na mesma hora, mas depois... (D. Elza)

Meninos tinham mais regalias, chegavam mais tarde, iam pular sela, que era brinquedo de homem. Em casa o regime era duro, mas os meninos tinham mais liberdade. Os meninos iam ao grupo, eu e minha irmã íamos ao colégio de freiras. Havia diferença! ... Eu queria ser homem porque era muito levada. Mas eu achava normal, a gente não discutia direitos, os direitos eram estabelecidos, eram os direitos que a gente levava, homem é homem, mulher é mulher. (D. Maria Eugênia)

Dentre os direitos referidos estavam os dos rapazes poderem sair de casa para irem estudar em outras cidades, o que raramente era permitido às moças, a não ser que fossem enviadas para os colégios internos de orientação católica:

Eu não queria ser professora porque tinha que estudar interna e eu não queria. Eu chorava e dizia, eu não quero ser professora, eu quero ser cozinheira. Meu pai dizia, você vai ser cozinheira depois de ser professora. Ele me enrolou tanto que fui até o fim! Eu era muito festeira, mas era boa aluna, muito responsável, mas meu pai fez eu estudar interna... (D. Maria)

As escolas normais situadas em algumas cidades do interior do Estado nem sempre podiam atender às necessidades de escolarização de todas as jovens e era impensável, para muitos pais, que estas tivessem que se deslocar para outros locais para estudar. A opção encontrada pelas famílias foi o colégio religioso mantido pela Igreja Católica, nos mesmos moldes do que acontecia na capital paulista e que passava a oferecer, além do básico, também o Curso Normal para as meninas. Enquanto as escolas estaduais adotaram o regime coeducativo de inspiração norte-americana, esses colégios mantinham a educação diferenciada e abriram muitos cursos só para o sexo feminino. As escolas normais para ambos os sexos, situadas em outras cidades, dificilmente eram permitidas às moças:

> A Escola Normal do Estado só tinha em São Carlos. Minha mãe queria muito estudar lá, meu avô não deixou minha mãe ir a São Carlos. Imagine, o mês que vem ela vai fazer 91 anos. Naquele tempo mulher não podia sair de casa. Meu avô deu professores particulares de francês, português, matemática. Até pouco tempo minha mãe recitava em francês. (D. Helena)

Nem todas as cidades do interior possuíam uma Escola Normal oficial e acontecia muitas vezes que as moças só podiam frequentar escolas particulares que ofereciam o curso nas cidades do interior, onde não havia uma escola pública. Em alguns casos a família tinha dificuldades em arcar com as despesas de uma escola paga, assim como ir para outra cidade poderia ser inviável por conta dos costumes familiares, como no caso dessas professoras. Ao ser inquirida a esse respeito, D. Helena contou uma interessante história:

> A escola era particular, mas eu fui à Escola Normal (o meu pai era fabricante de móveis), e falei com a D. Julie que meu pai não podia pagar o colégio, ele não tinha condições e eu queria muito estudar. Aí eu falei se ela daria serviço para o meu pai poder pagar a escola. Eu mesma fui lá ... Tinha onze anos. Quando cheguei na porta do colégio, eu tinha uma prima, hoje falecida, que trabalhava lá, eu estava apreensiva. Ela disse, o que você está fazendo aqui? Eu disse que queria falar com a D. Julie. Aí ela apertou a campainha da escola e foi embora. Eu fiquei ali, assustada, mas não podia sair correndo, né? Quem abriu a porta foi a secretária, D. Noêmia, não foi a D. Julie. A D. Noêmia falou comigo e disse, pode ficar sossegada. Daí ela falou com a D. Julie e ela aceitou. Deu serviço para meu pai e eu pude estudar, foi iniciativa minha, não falei para meu pai, nem para minha mãe. Continuei estudando até o Normal. (D. Helena)

Além do problema do deslocamento para outros locais ser difícil para as moças de família, o regime coeducativo, muitas vezes, afugentava dessas escolas o sexo feminino e amedrontava os zelosos e conservadores pais interioranos. A opção profissional para as moças viabilizava-se, portanto, nas escolas religiosas católicas e mais raramente nas escolas públicas estaduais. Nessas escolas aprendia-se de tudo um pouco: ensinava-se a respeito da profissão de professora, a manejar corretamente a língua portuguesa, preceitos morais e de boa conduta, higiene, amor à pátria, trabalhos manuais etc., menos educação sexual:

> Acho que ela [a Escola Normal] ensinava a ser bom professor. Educava para gente ser um bom funcionário, porque davam todas as regras de boa conduta, de bom português, de boa aplicação, ser correta, não faltar, não ser mentirosa, ser limpa, cumpridora dos deveres, amor à pátria, tudo o que era essencial a uma professora a escola dava, tirando a parte sexual, o resto eu acho que era impecável, tinha aula de tudo. (D. Elza)

A Escola Normal – que nas décadas de 1930 e 1940 já havia se alicerçado no aparelho escolar da época e ministrava um curso propedêutico, idealista e desvinculado da realidade, como se tem afirmado pelas professoras por ela formadas – era um curso de qualidade, que empregava bons métodos de ensino, possuía excelentes programas e tinha ótimos professores. O curso tinha como objetivo preparar as futuras professoras para a realidade das escolas, inclusive as das zonas rurais que iriam encontrar no desempenho da profissão, e para o aluno carente da população que frequentava essa escola primária:

> A minha primeira escola, eu era uma substituta, tinha dezessete anos e tinha aprendido tudo aquilo no colégio. Cheguei lá e perguntei onde era a escola. Me disseram que eu estava na frente dela. Era um quadradinho todo de madeira, o chão de terra. A gente tinha de procurar os alunos, fazer matrículas. (D. Elza)

> Mas a gente sabia disso e estava preparada para enfrentar ... Nós fomos preparadas para enfrentar uma nova realidade. Se a gente não tivesse enfrentado, tinha recuado. Mas nós seguimos em frente. O mestre falava que não é tudo igual. Que vida na roça era diferente

que na cidade. Tudo isso foi conversado na Escola Normal. Que íamos encontrar pessoas com deficiência de alimentação, transportes, pais que não podiam auxiliar os filhos. (D. Helena)

As professoras possuíam uma maneira de enfrentar a vida profissional e seus problemas, que derivavam mais de uma maneira de ser e da educação recebida no lar do que de um preparo que pudesse ser atribuído somente ao Curso Normal e ao ensino e formação recebidos. Nesse período, o sistema escolar ainda engatinhava em busca de padrões de excelência que pudessem colocar a educação escolarizada brasileira no mesmo nível dos países mais progressistas, adotando a perspectiva do escolanovismo e do ideal norte--americano. A escola pública que surgiu de um projeto sociopolítico e ideológico configurado em padrões internacionais, que tomavam o padrão norte-americano como modelo, tinha na Escola Normal a instituição veiculadora, por excelência, dos modernos métodos de ensino e das mais avançadas concepções pedagógicas.

O exercício da profissão docente era tido em alta conta pelos dirigentes do ensino, professores e professoras, pais de alunos e alunas. Se existisse um real pendor para o ensino, o adequado preparo técnico incumbir-se-ia de inserir padrões de excelência profissional nos professores. O discurso recorrente e as constantes referências à excelência e à dignidade do trabalho do professorado primário e aos seus atributos de vocação e sacerdócio possuíam uma razão de ser que alocava seus princípios numa visão otimista do poder da Educação pregado pelo liberalismo e pelos arautos da Escola Nova. Desse ponto de vista, o gostar de crianças e o amor pela profissão, uma conduta pessoal acima de qualquer crítica, não se desvinculavam da competência técnica necessária para o bom exercício profissional. Ao aliar a competência técnica ao amor à profissão, à vocação e ao dever cívico de preparar futuras gerações, o discurso vigente mostrava coerência com o discurso patriótico e ufanista que se disseminava pelo país. Além disso, uma categoria profissional com esses requisitos seria imbatível como força de vanguarda para colocar o país entre as grandes nações:

> O curso era excelente, os professores eram ótimos, os programas ... O professor de Pedagogia era ótimo! Aprendi até a constru-

ção da escola como era feita, os métodos de ensino, a educação desde Platão ... Era um curso muito bom ... Aprendi a fazer desde livro de chamada. (D. Elza)

Era um curso forte, programa pesado... (D. Helena)

A Escola Normal de antigamente dava base, conhecimento, tudo o que o professor primário precisava ter. Se ele desistia depois porque casava, punha riqueza, qualquer coisa, se ele quisesse continuar ele tinha base para enfrentar tudo isso e hoje em dia não tem. Ele é mal orientado, porque tenho duas vizinhas que estão fazendo esse curso do magistério que é um terror, elas vão sair do curso analfabetas. (D. Elza)

A escolha profissional passava necessariamente por essa ideia de frequentar um curso de qualidade, que dava uma excelente cultura geral e preparo adequado para exercer uma profissão que era reputada como digna e prestigiada, fosse ela exercida por homens ou por mulheres. A figura da mulher que lecionava era bem aceita e apontada às moças como exemplo de honestidade e ideal a ser seguido. O mesmo acontecia com o professor. A família tinha a figura da professora e do professor em grande consideração e estes detinham um prestígio social que estava em claro desacordo com a remuneração salarial percebida.

Apesar de possuir um estatuto profissional que lhes dava uma aura de respeito público comparável à dos juízes, advogados, promotores e delegados, o professorado era uma categoria profissional que desfrutava um prestígio advindo do saber, e não do poder aquisitivo. A fama de excelência da Escola Normal e a aprovação social do trabalho feminino no magistério, nesses anos que beiravam a metade do século, consolidaram a ocupação desse espaço profissional para as mulheres.

Embora tivessem se tornado minoria na Escola Normal e no Ensino Primário, os homens continuaram ainda por um bom tempo sendo professores. Afinal, o mercado de trabalho, apesar de ampliado, também não oferecia assim tantas oportunidades como se tem afirmado, em especial para um profissional que se considerava intelectualizado. Ser professor ou ser professora, apesar de economicamente pouco viável, conferia prestígio social a ambos os sexos.

As famílias interioranas impeliam ao magistério as suas filhas que queriam ter uma profissão, pois, além de todas as prerrogativas apontadas no magistério como trabalho indicado para as mulheres e que as faziam desejar ser professoras, as possibilidades de escolha ocupacional feminina eram reduzidas, principalmente pela mentalidade de não se permitir excessiva liberdade às moças. Muitas famílias também tinham como tradição enviar suas filhas a fazer os cursos normais e formarem-se professoras, mesmo que posteriormente não lecionassem:

> Éramos sete, um irmão e seis mulheres. Uma só não se formou professora e também o meu irmão. Ela estudou secretariado ... Minha família inteira foi de professoras. Tias, primas, tios, todos menos minha mãe. O meu veio espontâneo porque desde o princípio eu queria ser professora. Toda vida. Se brincava de boneca com os outros eu sempre era a professora, não queria ser outra coisa. (D. Elza)

> As meninas da sociedade que não precisavam trabalhar iam fazer a Escola Normal para passar o tempo enquanto não se casavam. Mas também não havia outra! No interior não havia outras escolas. A tradição da família também influenciava muito, porque se o senhor é criado no meio de esportistas, também vai praticar esportes que conhece, pois é motivado para isso. Na minha família, como na dela, todos são professores, mesmo os que são médicos, dentistas, advogados, ainda lecionam. É como um germe que pega! Tenho duas irmãs e todas fizeram Normal. (D. Maria Eugênia)

A possibilidade de exercer um trabalho remunerado, aliado às qualificações embutidas na profissão, também era bastante atraente para as moças e para suas famílias por representar um acréscimo na renda familiar e uma garantia de subsistência para as que, por um motivo ou outro, não se casassem. Como havia resistência social e familiar para o trabalho, o magistério foi a grande oportunidade para as mulheres. Mesmo com um diploma da Escola Normal, a jovem não podia exercer outra função que não o ensino no restrito campo de trabalho das cidades do interior e das reduzidas ou até inexistentes oportunidades profissionais:

MULHER E EDUCAÇÃO: A PAIXÃO PELO POSSÍVEL   193

Também não tinha onde mulher trabalhar. (D. Elza)

Indústria e comércio era lugar só de homem, hoje é que as mulheres tomaram lugar. (D. Maria Eugênia)

Não tinha onde nem como, tanto que essas professoras que desistiram porque se casaram, elas não tinham outra opção. Se desistiam do magistério não podiam fazer outra coisa. A não ser que fossem doceiras, cozinheiras, costureiras ... Essas coisas assim. Mas outra profissão não tinha ... Profissão feminina não tinha, era só para os homens mesmo. (D. Helena)

A vontade de estudar e conseguir um diploma significava muito para essas jovens e representava as expectativas de uma classe social que buscava ascender socialmente mediante a escolaridade. Do gosto pelo estudo ao prazer pela profissão, foi uma consequência natural e que acompanhava as formulações ideológicas dos agentes sociais e educativos do período. O desempenho de um trabalho assalariado impregnado de características "nobres" anulava a antiga mentalidade que repudiava a ideia de conotação negativa dada ao trabalho assalariado para o sexo feminino, herdada dos tempos da Colônia, e passava a ser atraente para a classe média e para as moças que procuravam pelo magistério. Ao saírem do resguardo dos lares para trabalhar, passaram a valorizar cada vez mais o salário recebido e a independência financeira adquirida com o seu desempenho. Superando um discurso social de menosprezo ao numerário recebido pelas professoras, que permaneceu no imaginário popular por décadas e que considerava esse salário insignificante no orçamento das famílias, a remuneração recebida era importante e muitas professoras ajudaram a sustentar famílias numerosas devido à insuficiência da renda do pai:

Eu também não pensei muito assim em independência, porque ao lado do meu pai eu tinha que formar todos os meus irmãos. Então se a gente tem que despender por esse lado, não pode ter independência econômica de forma nenhuma. Foi só quando eu formei meu último irmão... Conforme as necessidades foram aparecendo eu fui entendendo que precisava socorrer meu pai. Meus irmãos precisavam de um diploma. Meu último irmão eu formei sozinha porque meu pai estava adoentado... Ele morreu com 64 anos ... Não é brincadeira fazer estudar onze pessoas! Não sei como consegui! (D. Helena)

Os motivos para a escolha da profissão eram vários e as moças que iam em busca do diploma de professora normalista sonhavam com a independência financeira, um pouco mais de liberdade, a possibilidade de exercer um trabalho que também proporcionasse um certo grau de satisfação pessoal, embora estivesse presente a certeza de que não havia outra ocupação para as mulheres:

> Primeiro, sou de uma família de professores, não foi novidade nenhuma, já tinha o destino traçado. Minha avó era professora, minhas tias também. Depois, achava que o ensino era uma coisa muito bonita, muito importante. Eu gostava, a gente era muito citada por ser de uma família de professores importantes. Era referência por ser daquela família. Fazer curso normal era uma boa referência. E eu tinha que trabalhar porque gostava. Da minha turma pouquíssimas não fizeram Normal. Não tinha opção. (D. Maria Eugênia)

O sexo feminino, que, até então, se vira confinado à simples execução de tarefas domésticas e às veleidades de uma educação centrada em pinceladas de cultura supérflua, valeu-se da chance de poder ser parte do cenário socioeconômico e isso significou um salto qualitativo em relação ao que haviam vivenciado suas mães e avós. O magistério, pela aura de que era revestido no imaginário da época, as eximia do rótulo indesejado de estarem apenas prestando um serviço ou vendendo sua força de trabalho. Seu exercício, de seu ponto de vista, transcendia a simples relação de troca. A docência possuía uma dignidade comparável às mais "nobres missões" e, pela primeira vez, elas se fizeram necessárias no espaço público e sua contribuição foi considerada e requisitada.

A sociedade do final da primeira metade do século XX, mais especificamente nos anos 40, estruturava-se e progredia política e economicamente. Por isso, atribuía à Educação um grande mérito no desenvolvimento da nação e do seu povo. O período das guerras havia contado, em alguns países, com as mulheres em suas fileiras, mas, após a reorganização do mundo, elas voltaram aos lares e viram-se barradas nos espaços profissionais, novamente ocupados pelos homens. Porém, tanto as guerras, como os movimentos feministas haviam dado alguns frutos...

Para as mulheres brasileiras que ocuparam o magistério primário, o fato de estarem desempenhando uma profissão, mesmo considerando as relações objetivas da necessidade de um salário para a subsistência, adquiria um sentido de relevância social e de concretização de sonhos e desejos acalentados:

> Meu sonho era fazer Enfermagem na Faculdade de Medicina em São Paulo. Mas as condições monetárias... Todos sendo professores, ninguém tinha condições, ninguém podia ter uma condição além daquela decente, não chegava a sobrar, sabe como é, tá sempre marcando o passo. Mas me realizei como professora, me realizei e fui felicíssima! (D. Maria Eugênia)

> Eu achava lindo aquilo que o professor estava fazendo na sala de aula. Desde a escola primária gostava demais. Gostava não, gosto! Até tenho muita saudade da escola. Depois de aposentada lecionei muito tempo ainda ... Porque era aquilo mesmo que eu queria. (D. Helena)

Esse gostar passava necessariamente pelas generalizações simbólicas acerca dos professores e professoras e sua importância social:

> Ah! O professor era quase um deus na sociedade. Para os nossos pais e para nós era um respeito e uma consideração muito grandes. (D. Helena)

> Eu adorava lecionar. Na época o mundo começava a mudar, a mulher queria ser mais independente e independência da família era quem ganhava de fato seu sustento. Meu sonho era esse, me formei sonhando ganhar minha vida. (D. Maria Eugênia)

O prazer de estar interagindo com o mundo exterior e ocupando um determinado espaço, prestando um relevante serviço social e recebendo uma remuneração para isso, justificava o esforço e o desejo, na esfera das simbolizações, até mais do que o próprio salário em si, dado que a autonomia gerada pela profissão possibilitava maiores oportunidades de escolhas pessoais e de emancipar-se economicamente da família. Era um novo mundo que se abria e nesse espaço, duramente conquistado, não somente por elas, mas também pelas outras que as antecederam, as mulheres procuraram defender a excelência do que faziam e sublimaram seu desejo e seu esforço:

> Mesmo que eu não precisasse ... Mesmo depois, quando eu me casei, minha vida foi boa, tive uma vida melhor depois que me casei. Podia ter largado de lecionar, mas continuei lecionando, acho que é uma coisa de família. Tenho uma irmã que é bem rica, ela se formou, trabalhou, foi ser professora, lecionou o tempo inteiro, o marido brigava com ela porque não queria que lecionasse. E foi até aposentar. E ela tem bastante dinheiro, podia ter largado se quisesse... (D. Elza)

O magistério representou, para essas mulheres, a concretização do desejo pela coragem de ter ousado. Nas narrativas que as professoras fazem do seu trabalho percebe-se que existe um discurso afetivo em relação à profissão que um dia exerceram. Palavras como amor, afeto, solidariedade, maternagem aparecem entremeadas com as lembranças e alinhadas com um claro sentimento de orgulho e prazer pelo que um dia realizaram. Isso as faz, nas representações simbólicas que elaboram sobre a realidade na qual atuaram, ter consciência de que desempenharam um papel social no espaço público que consideram relevante, o que lhes provoca um sentimento de realização pessoal e tranquilidade, que as distingue daquelas que nunca trabalharam fora de casa e no lar esgotaram suas vidas.

NA VIDA, MULHERES; NA ESCOLA, PROFESSORAS: OS MECANISMOS DE CONTROLE E A RESISTÊNCIA

Nos anos 30 e 40, apesar de um pretenso discurso igualitário advindo dos meios mais intelectualizados, que atribuíam às mulheres a mesma inteligência que a dos homens, o imaginário social custaria ainda muito para assimilar esses preceitos. Esse desnível imaginário no potencial cognitivo permitia que obstáculos fossem colocados à ascensão das mulheres às profissões disputadas pelo segmento masculino e até no campo educacional:

MULHER E EDUCAÇÃO: A PAIXÃO PELO POSSÍVEL   197

Eles achavam que o homem era mais inteligente, todos achavam isso, a sociedade ... Achavam que o homem era uma coisa extraordinária, que era inteligentíssimo e só eles é que sabiam desempenhar os papéis mais difíceis ... Naquele tempo a gente quase que era obrigada a aceitar semelhante situação. (D. Helena)

O discurso oficial da predominância da vocação em detrimento de outras capacidades intelectuais acobertava o prolongamento do sistema discriminatório para a profissão de professora, que se deslocava agora do trabalho doméstico para a ocupação de um grande espaço profissional no ensino primário. As professoras poderiam lecionar nas classes infantis masculinas, femininas e mistas, isso já estava consolidado e era aceito sem mais delongas. Como a mulher possuía notável inclinação para a educação de crianças pequenas, era maternal, meiga, bondosa, sabia entender a infância e fazer da escola o seu segundo lar, seu trabalho nesse grau de ensino passou a ser plenamente aceito. Entretanto, no caso paulista, havia algumas dificuldades para que pudessem exercer cargos de chefia e de direção, ou ocupar espaços nos graus superiores do Ensino, valendo assinalar que o seu acesso ao Ensino Superior somente se deu na década de 1930, nas faculdades de Educação.

A ideia de que as professoras eram incapazes para o desempenho dos cargos mais elevados no Ensino centrava-se nas representações acerca de sua pouca energia e grande fragilidade física e emocional. Além disso, se não tinham tendência para o mando e a autoridade, não poderiam manter a necessária disciplina no ambiente escolar. Isso era compartilhado pelas próprias professoras e o preconceito disseminava-se em toda a sociedade. Considerando-se pouco dotadas para os cargos administrativos, também viam com desconfiança as mulheres que, porventura, lograssem alcançar um desses patamares no Ensino. Assim, não bastasse a oposição masculina, havia também a resistência feminina em incorporar atributos à atuação profissional que pudessem colocá-las nos espaços masculinos:

Eu pensava que eu não servia para ser diretora, eu nunca prestei para isso, eu sempre fui moloide, não presto para nada, para mandar em ninguém. É só tamanho ... Também havia dificuldade para mulher prestar concurso. Os homens, eles iam sempre na frente para escolher cadeira ... Sempre trabalhei com diretor e pessoalmente não acho que presto para ser diretora, nunca prestei. (D. Elza)

Essa pretensa incapacidade para cargos de direção era derivada da própria situação familiar, dos costumes sociais e da legislação, que designavam ao homem a chefia da família. Se a escola era o prolongamento do lar, a professora era a segunda mãe e os alunos, os filhos, a organização escolar deveriam estruturar-se naturalmente com um homem na direção e nas tomadas de decisões, segundo esse mesmo modelo familiar. Embora incorporassem esse simbolismo e se adaptassem às regras, as professoras não deixavam de questionar essa divisão sexual de tarefas no trabalho:

> Não sei, era uma barreira que eles criavam para a gente. Eles sempre achavam que o homem era mais inteligente, que mantinha mais a autoridade, a mulher não podia fazer uma coisa dessas e aí eles punham o homem na frente. (D. Helena)

Mesmo assim, o preconceito contra a mulher ocupar um cargo de direção também vinha das próprias professoras e elas, demonstrando desconhecimento dos mecanismos de desigualdade sexual, assimilam a ideologia da supremacia masculina e inferioridade da mulher, num claro exemplo de como as determinações culturais modelam a construção da identidade pessoal e profissional feminina e produzem paradoxos nas representações acerca das relações de gênero:

> Eu vou falar uma besteira, mas eu sei que é verdade. Sempre gostei mais de trabalhar com diretor do que com diretora. (D. Maria)

> Mas eu acho que até hoje na direção de uma escola, o homem se impõe mais ... Eu também trabalhei como diretora e me saí bem, mas acho que o homem ainda se impõe mais na parte da disciplina e não toma partido. Não sei se por ser mais frio, mais mandão, conforme já falei. O homem foi criado para mandar. Ele tem cargos de mando, de direção. Já a mulher ... Pode ser que as próximas gerações... (D. Maria Eugênia)

MULHER E EDUCAÇÃO: A PAIXÃO PELO POSSÍVEL 199

Mulher não gosta que outra dirija. Ela começa a criar problemas. (D. Helena)

A situação social e familiar que vivenciaram, mais os modelos culturais desenvolvidos cotidianamente levam as professoras a considerarem normal que o homem, da mesma forma que o faz no espaço privado, também lidere a organização da escola. Porém é verdade que, entre os inspetores, diretores e demais dirigentes do Ensino, sempre houve resistência quanto ao preenchimento dos cargos de direção por mulheres e a nomeação de uma diretora era sempre motivo de espanto e de dúvida por parte de todos. O preconceito contra mulheres que buscavam ocupar carreiras consideradas masculinas fazia que lhes fossem atribuídos estereótipos e o mesmo acontecia com as mulheres na direção de escolas. De acordo com esse tipo de mentalidade, aquelas que se dirigiam para profissões consideradas não femininas eram as que não haviam se realizado afetivamente ou não tinham atributos de beleza:

Não tinha engenheiras, não tinha advogadas, não tinha médicas, não tinha enfermeiras de alto padrão... (D. Helena)

Quem ia fazer engenharia? Aquela mal amada, aquela feia ... A mentalidade do professor primário ainda hoje é muito pequena. Infelizmente já traz o nome que é primário. Nas revoltas do ensino, na sociedade, nas escolas, quem encabeça são os professores secundários e de faculdade. Porque com essa divisão de aculturamento, o professor primário ficou muito aquém. Então criam coisinhas pequenas, coisinhas que dificultam o relacionamento, não eu, porque nunca fui de coisinhas. O homem não, em tese não olha para as minúcias, não fala muito, não se põe em conversinhas, é mais discreto e mantém mais a disciplina nas escolas. Até com as crianças, com os moleques o diretor domina melhor, às vezes, do que a mulher. Não é em geral, pelo menos em tese. A presença masculina impõe mais a disciplina. (D. Maria Eugênia)

No espaço privado, segundo valores tradicionais e culturais, as mulheres eram submetidas ao poder do pai ou do marido, provedores de sua comodidade material e reguladores de seu destino. Na escola, os mecanismos de controle ideológico e a distribuição desigual do poder tornavam a mulher submissa ao modelo organizacional escolar e a levava a acatar um papel subalterno dentro de uma instituição que havia se tornado seu espaço profissional. Aceitavam ser vigiadas, observadas e ter sua conduta atrelada às normatizações sociais e escolares, mas também detinham um poder invisível em sala de aula que as tornava autônomas em relação à sua prática e que tinha componentes de prazer e realização pessoal. Nessa opção, entre o desejo e as exigências da vida cotidiana, havia de preservar o primeiro, afinal não fazia muito tempo que o modelo social da ociosidade feminina permeava o padrão de vida da pequena burguesia. Acobertar a concretude do trabalho, sob o manto do prazer, vinha ao encontro de um ideal de feminilidade, que em nada desmerecia a mulher; pelo contrário, a dignificava. Eram as alternativas autorizadas socialmente, a conquista, o esforço, o *possível*:

> Sabe o que eu acho? A questão do que você quer ser, o que você vai ser, até para a meninada de hoje, os adolescentes ... A gente nunca quer ser aquilo que não conhece. Depois que você faz uma coisa que você conheça, aí você tem amor. Então se dedica de corpo e alma para conhecer aquilo que você não conhecia. E descobre! Não é só falar, aí, eu não tenho jeito para isso. Não, você tem é o conhecer daquilo que vai ter nas mãos. Uma pessoa responsável, que estuda, que se dedica de corpo e alma ...Você não queria? Não, você não conhecia! Eu fui fazer Normal gostei de mais cursos depois, mas achei que não podia ter feito coisa melhor na vida que não fosse lecionar. Era minha paixão lecionar! Aquele amor, aquela intimidade com os alunos, aquele carinho, a participação na vida das famílias. Ah! Era muito bonito, viu? Era muito bonito! Sabe o que é paixão? Uma paixão! (D. Maria Eugênia)

Os depoimentos das professoras permitiram escrever uns fragmentos de sua história e da história da sua profissão que, de modo algum, esgotam o muito que ainda se tem a contar sobre elas e por elas. Num período da história do país em que a crença no poder da educação movimentava a intelectualidade brasileira, as professoras realizaram um trabalho anônimo e pouco reconhecido nos mais remotos lugares. Suas lembranças permitiram a construção de um perfil dessas mulheres que se incumbiram do ensino primário público no Estado de São Paulo, notadamente no

MULHER E EDUCAÇÃO: A PAIXÃO PELO POSSÍVEL 201

interior paulista e nas escolas da zona rural, e se responsabilizaram pela instrução de várias gerações de brasileiros:

A professora primária no interior paulista era uma mulher casada e com filhos pequenos, ou solteira com responsabilidades familiares, vinda de uma classe média com regular poder aquisitivo, que fez o curso primário na escola pública e frequentou a Escola Normal, pública ou particular, para se formar professora. Pertencia a uma família numerosa, os pais possuíam alguma escolaridade e atribuíam muita importância à educação desejando que as filhas tivessem um diploma. Considerava-se inteligente e bem preparada para o magistério. Entrou na profissão por vocação, por gostar de estudar e lecionar, por desejo de ter um trabalho e um salário. Educada em ambiente tradicional e de rígida moralidade, foi, desde muito jovem, preparada para o casamento e para a maternidade, embora não tivesse acesso a nenhum tipo de educação sexual. Casar e ter filhos era de máxima importância na sua vida, a não realização desse desejo era motivo de frustração e desencanto. Projetava na docência sentimentos de maternidade e missão. Atribuía à educação uma nítida importância no desenvolvimento do país e considerava o trabalho que realizava extremamente relevante e como um dever sagrado. Religiosa, observava os preceitos da religião católica. Disciplinada, séria, compenetrada dos seus deveres de mulher e mestra, seu comportamento social era regrado e regido pelas leis sociais às quais era obediente. Achava que a disciplina na escola era essencial para o bom ensino e boa aprendizagem e sua ausência, responsável por problemas escolares e educacionais. Tradicional, apegada à família e aos valores pequeno-burgueses, responsável, enérgica, dedicada, submetia-se a qualquer sacrifício pela família e pela profissão. Afirmava gostar de crianças e de ensiná-las, não rejeitando os atributos de maternidade que qualificavam ideologicamente a profissão. Achava ter menos liberdade que o sexo masculino e concordava com isso, assim como acatava as formulações sobre seu papel de esposa e mãe. Aceitava esse papel feminino sem muitos questionamentos e revelava-se um tanto alienada em relação aos seus direitos, embora tivesse um forte senso do dever. Estava no magistério por amor à profissão, mas atribuía grande importância ao salário recebido. Se, por um lado, gostava da profissão e lhe atribuía características afetivas, também reconhecia que esta lhe assegurava uma vida material melhor. Considerava que realizava um trabalho profissional de excelente nível. Tinha algum desejo de independência e possuía um arraigado espírito de sacrifício, despendendo o salário nos cuidados com a família se isso fosse necessário. Achava o salário bom na época em que lecionava, capaz de lhe assegurar uma vida melhor. Revelava preconceito em relação às mulheres por demais emancipadas e lamentava as que não conseguiram casar e ter filhos. Aceitava a diferenciação sexual em relação aos direitos e deveres como natural, embora não se achasse menos inteligente do que os homens. Sentia orgulho em ser professora e achava que a profissão a dignificava perante a sociedade por estar cumprindo um dever patriótico ao educar as novas gerações.

CONSIDERAÇÕES FINAIS

MULHER E EDUCAÇÃO: NO CONTEXTO DO POSSÍVEL, A DESCOBERTA DA PAIXÃO

A instituição do regime republicano no Brasil, em 1889, atribuiu às professoras primárias um desempenho profissional que aliava às representações ideológicas acerca do magistério feminino uma maior qualificação e autonomia, concedendo-lhes algumas competências na organização do seu trabalho docente, embora ainda limitadas pelos interesses estatais. O Estado não abriria mão totalmente do controle de um campo de trabalho que abrangia grande contingente populacional e se inseria nas esferas políticas e na produção, e essa situação manteve-se nas décadas seguintes.

O Estado Novo, que instaurou a ditadura nos anos 30, estabeleceu uma política de ambiguidades em relação ao professorado, pois, ao mesmo tempo que mantinha a categoria num esquema de contenção salarial, procurava dignificar a sua imagem profissional. As mulheres que já eram maioria no magistério detinham, do ponto de vista social, uma imagem dessexualizada e sacralizada, ao incorporarem a maternidade e o papel de guardiãs da moral da família e da pátria. Apesar dessa visão altamente positiva do ponto de vista social, sua identificação com o grupo dos incapazes possuía o amparo legal da legislação, pelo Decreto n.21.417 de 1932, que seguia a lógica do Código Civil de 1916[1] que reforçava sua dependência e submissão, devendo obediência ao homem, não só ao marido, mas também ao pai e irmãos. Sua inserção majoritária no magistério, aliada ao poder exercido sobre o sexo feminino referendado pela Constituição, estabeleceu uma situação ambivalente: de um lado, o discurso laudatório e dignificador as impelia a procurar a profissionalização em busca de autonomia e independência financeira, justificada pela "nobreza" do que realizavam; por outro, no interior da escola exercia-se um controle sobre seu trabalho que as impedia de dar livre expansão à ação que poderiam desenvolver, controle esse legitimado pelo Estado através da legislação educacional. Ao mesmo tempo, a exiguidade do salário recebido por todo o professorado não lhes dava condições de alterar sua situação socioeconômica e a dependência dos pais e maridos continuava uma realidade.

A procura pela educação escolarizada, o valor da escola enquanto agente educativo e a proliferação das escolas normais no interior do Estado de São Paulo viabilizaram uma ampliação da educação que, ao atingir maiores parcelas da sociedade, também se firmava como instituição pública. Aumentada a demanda pela escola, aumentou também seu valor e a Escola Normal passou a receber grande número de alunas, pertencentes aos segmentos médios. Essa classe via no magistério uma possibilidade de ascensão social e as jovens normalistas e futuras professoras principiaram a desfrutar maior, ainda que relativa, liberdade pessoal, advinda do exercício da profissão que, envolvida numa aura de res-

---

1 "Nesse código prescrevia-se que a mulher casada tomasse o sobrenome do marido; um conjunto de atividades era-lhe interdito sem autorização daquele; ser curadora ou tutora, aceitar ou repudiar herança, litigar em juízo, dispor de propriedade, aceitar encargo ou mandato, abrir conta na Caixa Econômica e, finalmente, trabalhar fora dos domínios do lar" (Pena, 1981, p.78). Não podemos nos esquecer de que para se matricular na Escola Normal a mulher tinha que ter autorização do marido. Dessa forma, o sistema escolar também adotava as regulamentações do Estado e as restrições ao acesso feminino a uma profissão.

peitabilidade, permitia sua profissionalização sem maiores problemas, instalando-se em pouco tempo e de forma definitiva sua completa feminização.

A qualidade da Escola Normal, para os padrões dos anos 20, 30 e 40, constituía-se um curso de alto nível formativo. As ideologias por ela veiculadas, que aproximavam o trabalho profissional no magistério de um sacerdócio e de uma missão, com a necessária e indispensável vocação, também foram acatadas internacionalmente, em países como Portugal, Estados Unidos, Espanha e França, entre outros, e aliaram-se ao discurso oficial. Essas concepções não eram dirigidas somente ao sexo feminino, mas ao professorado em geral, e ter vocação, considerar o ensino um dever sagrado e uma missão era desejável para homens e mulheres, sendo o papel da escola mais formador do que veiculador de preparo técnico e de experiência docente.

O crescimento da escolaridade obrigatória e a demanda pelo ensino básico fizeram que houvesse necessidade de uma maior oferta de mão de obra que, aliada às idealizações morais vigentes e ao repúdio à coeducação, contribuiu para que o poder público considerasse que as mulheres eram mais adequadas para o ensino da infância na Escola Primária que se democratizava. Este ponto de vista vem sendo sistematicamente aceito quando se estuda a feminização do magistério. Apesar de não descartar essa explicação, que se situa na óptica oficial da história, considero que, além dessas razões históricas, de natureza objetiva, também existem as que dizem respeito a uma dimensão pessoal da mulher, enquanto ser, que envolvem os sentimentos e os afetos que fazem parte da sua existência. Essa dimensão existencial do ser humano, na qual cada um é fruto de uma prática histórica concreta, de simbologias e relações sociais que se cruzam e afetam a consciência e pulsam em cada ato de vida, também faz parte das esferas cotidianas e tem sua parcela de influência em cada indivíduo.

Durante os anos em que atuei como pesquisadora da Educação sempre me incomodou a forma como são tratados alguns problemas cruciais do magistério, principalmente quando envolvem as questões de gênero. Quando não é a omissão deliberada, são as acusações de incompetência, de submissão, de subordinação ideológica que se atribuem às professoras que atuam no ensino primário, como se, em vez de pessoas, se estivesse falando de máquinas que teriam a responsabilidade de alcançar um resultado final satisfatório, nos mesmos moldes tecnológicos adotados nas esferas de produção do capitalismo.

Que qualidade é essa que se exige para a educação escolar, sem levar em consideração que esta é desenvolvida por seres humanos, num processo interativo do qual não poderiam eximir-se os sentimentos, os afetos, as escolhas ditadas pelo desejo? Por que se condenam tanto os discursos das professoras quando estas se referem à dimensão afetiva do trabalho docente? E por que, apesar das denúncias feitas, muito pouco se avança na educação para apropriar-se dessa qualidade tão desejada? Atribuir isso somente à falta de investimentos financeiros não poderia ser a única causa, pois sabe-se que, embora insuficientes e mal direcionados, investimentos, de alguma forma, sempre foram feitos.

Outro motivo apontado é o de que a inserção na escola pública de segmentos da população de baixa renda, aliada ao aumento da demanda por educação, teria contribuído para a queda na qualidade do ensino, o que também revela uma faceta unilateral dos problemas escolares e tenho dúvidas se esse é um fator que diferencia a escola atual da escola de antigamente. A pobreza no Brasil sempre existiu em altos níveis, com o agravante de que, décadas atrás, o acesso à cultura escolar para as camadas populares ainda se fazia mais restrito do que atualmente.

Nos tempos de hoje, os meios de comunicação veiculam uma cultura que, por mais que se queira atribuir-lhe aspectos negativos, permite às classes populares apropriarem-se de conhecimentos que até então lhes estiveram vedados. A televisão, e sua popularização, democratizou o acesso à cultura e, de certa forma, nivelou o conhecimento, apesar da inculcação ideológica de que é portadora, o que, aliás, nenhum governo e nenhum sistema educacional deixou de fazer com o povo nos diversos momentos históricos.

Atribuir aos professores e à má formação por eles recebida todas as mazelas dos problemas educacionais já há muito tempo vem sendo questionado. Várias vozes têm se levantado em defesa dos professores e do papel que lhes cabe na escolaridade. Isso não significa que estes não tenham uma imensa parcela de responsabilidade no ensino. A sua atuação em sala de aula é determinante nos rumos da educação escolarizada e na sua qualidade. Rejeitar essa concepção é negar a responsabilidade de cada ser humano na realidade do processo histórico. As professoras não só são responsáveis pelo trabalho que realizam, como a elas compete dignificar, na esfera da sala de aula, na escola e no espaço público, a sua profissão e sua imagem feminina e trabalhadora.

Apesar das dimensões objetivas que permeiam o trabalho docente e que agem como dificultador desse fazer, se não houver o empenho de cada um para realizar um trabalho de qualidade, dificilmente a escola poderá elevar-se em relação aos padrões exigidos. É a dimensão humana mediando as relações concretas, pois, por mais que haja investimentos materiais, são os agentes que vivificam essa ação que lhes podem atribuir sucesso ou fracasso.

Negar isso é o mesmo que negar que todos somos seres humanos movidos por vontade e direcionados por esforços individuais e coletivos, capazes de influir nos rumos da existência e da realidade. A exegese dessas escolhas, feitas nos atos de vida, significa também perguntar se, quando a professora valoriza o afeto, a vontade de ensinar, a solidariedade, como atributos essenciais para o exercício docente, o discurso é real e não fictício. Nesse sentido, desqualificar a veracidade do discurso da professora, enquanto mulher, é atribuir-lhe papéis de passividade receptiva a motivações externas, enquanto a ignora como sujeito histórico, regulador do seu destino e que efetua escolhas determinadas pela concretude da sua existência. Reside aí a ambiguidade fundamental da profissão: *se, por um lado, é mal remunerada e pouco reconhecida pelo poder público, por outro, é detentora de um determinado prestígio resultante da questão cultural, que aloca os professores e professoras como os principais agentes de sua divulgação.* Ao mesmo tempo, há que se acrescentar que à dominação se contrapõem o enfrentamento e a resistência e, quanto mais esta se impõe, mais sutis são os mecanismos de defesa utilizados.

Em vista desses paradoxos, procurei propor uma análise do magistério desenvolvido pelas mulheres que desse conta desta complexidade. Se, por um lado, educar e ensinar é uma profissão, por outro, não há melhor meio de ensino e aprendizagem do que aquele que é exercido de um ser humano para outro, e *isso também é um ato de amor*. Gostar desse trabalho, acreditar na educação e nela investir como indivíduo, também configura-se como um ato de paixão, *a paixão pelo possível*, sentimento derivado do sentido do ser e da existência, que incorpora o desejo às possibilidades concretas da sua realização. Talvez resida aí a extrema ambiguidade do ato de ensinar e da presença das mulheres no magistério.[2]

A análise da imprensa educacional e feminina permitiu entrever, nos ecos do passado, mulheres imbuídas de desejo, de crença e da necessidade de firmar-se num espaço público interditado pelo poder masculino. Sua vontade de instruir-se, educar-se e ter uma profissão transparece nas velhas páginas impressas como um manifesto do seu esforço, numa época em que a simples ida à escola significava, para elas, um avanço. Concordar que isso lhes foi simplesmente concedido por um poder oficial masculino, sem que houvesse a contrapartida da exigência e da reivindicação, é fazer o discurso ingênuo que acredita que em termos de relações de poder algo se concede sem lutas.

As mulheres não somente reivindicaram, como forçaram sua inserção nesse campo profissional e conseguiram ocupá-lo em poucas décadas. É certo que a essa ocupação aliou-se uma série de fatores externos, como a necessidade de mão de obra, a queda do poder aquisitivo da classe média, a expansão do número das esco-

---

2 "A razão dessa dinâmica pode ser encontrada numa das características mais comuns da dominação, aquela que não permite ao dominado expressar legitimamente seus desejos e necessidades. Atalhos e saídas equivocadas são comumente as portas por onde, nas relações de dominação, o dominado tenta atingir os objetivos que se situam fora dos circuitos do permitido ou esperado" (Piza, 1994, p.86). A autora também refere-se às pesquisas de Rosemberg, Pinto & Negrão (1982), pelas quais observa que as "escolhas profissionais das mulheres não incluem apenas a dimensão cultural que as empurra para determinadas 'vocações', incluem, igualmente, o exercício de um poderoso senso de realidade. Uma estratégia de sobrevivência".

las e outros, mas não podemos nos esquecer de que os homens, antes de mais nada, sempre quiseram as mulheres dentro dos lares. Mesmo o trabalho feminino no magistério também foi objeto de resistência masculina, dos maridos que não aceitavam que a mulher trabalhasse fora de casa e dos professores que não as queriam na profissão.

Pode ser, conforme apontam alguns autores, que essa situação nos anos seguintes, e com o avanço da industrialização ampliando o mercado de trabalho, fez que os homens se afastassem do magistério em busca de espaços profissionais mais bem remunerados. Aqui também ficam algumas dúvidas: será que havia tanta oferta de empregos nas esferas de trabalho intelectual para os homens deixarem esse espaço movidos por ofertas mais atraentes? Acredito que o impedimento para os homens permanecerem no magistério deu-se também no terreno das mentalidades e da identidade sexual, movidos pelo fato da profissão ter se tornado feminina. Afinal, apesar de estar entre as profissões mal remuneradas, esta não se situa no último lugar da escala de valores salariais, havendo profissões consideradas masculinas que pagam tão mal quanto o magistério.

Outro fator a ser considerado é que se atribuir a desvalorização do magistério ao ingresso feminino na profissão constitui-se uma interpretação equivocada que sempre pecou pelas bases. A análise da imprensa demonstrou que ser professor nunca foi profissão valorizada, sendo, aliás, alvo de péssima remuneração salarial. Portanto, sua não valorização antecede o ingresso das mulheres nesse campo profissional. O reducionismo acadêmico, ao considerar que somente a feminização foi causa do rebaixamento da profissão, é tão ingênuo quanto acreditar que, no tempo em que os homens cerravam suas fileiras no magistério, este era valorizado e os professores recebiam altos vencimentos.

Há também o mito da passividade da professora, reforçado por estudos que a culpabilizam ou questionam sua prática. O magistério sempre teve um potencial como espaço de lutas e reivindicações. Todas as conquistas da profissão deram-se também com o concurso das professoras, o que não poderia deixar de ser, dado terem sido, quase sempre, a maioria. A questão da passividade merece, aliás, um estudo à parte, pois, em sala de aula emergem mecanismos de resistência ao poder instituído que não podem deixar de ter considerável efeito transformador na prática educativa. Essa resistência também pode dar-se em outras instâncias educativas por meio de posturas que vão de encontro à autoridade escolar e podem interferir no âmbito pedagógico. Portanto, o mito da passividade da professora primária carece de fundamentos. O que é essa passividade? A que se refere objetivamente?

Muito já foi dito sobre mulheres submissas vivendo no mundo da casa, esquecendo-se daquelas que lutaram e venceram. A simples sobrevivência no espaço privado, com a ausência de liberdade, de acesso a bens próprios, sob o domínio dos deveres cotidianos, da tirania acobertada pelas relações de afeto e referendada pelo destino biológico da maternidade, vivenciada por mulheres sem nome, pertencentes a uma legião transitando na domesticidade através dos tempos, indica que, de certa forma, conseguir profissionalizar-se fez das mulheres vencedoras, se atentarmos para suas condições de vida na época. Depois do magistério conseguiram outros espaços profissionais e isso realmente significou uma conquista.

O sentimento de vitimização das professoras é bem menor do que sempre se julgou. As entrevistadas demonstraram que não somente não se julgam vítimas, como se sentem vencedoras por terem tido um trabalho que lhes permitiu algumas realizações. E, afinal, vítimas de quê? Só experimentam esse sentimento os que se sentem injustiçados, o que não é o caso dessas professoras. Apesar de reconhecerem os vários mecanismos discriminatórios existentes, conviviam com eles de forma tranquila, sem sentimento de revolta, e poder lecionar significou para elas a chance de se realizarem como pessoas.

Outro aspecto que sempre preocupou os envolvidos com educação é o que diz respeito à *vocação para o magistério*, que comumente está presente na fala das professoras e no discurso ideológico oficial acerca da profissão. Não é possível saber se o recurso dissimulador da vocação foi invenção feminina ou masculina. O que fica evidente é que a questão vocacional é irrelevante e pode, aliás, ser óbvia. Não vejo por que tanto estardalhaço em cima de um atributo que, se houver em uma profissão, só pode ser positivo. Um artista precisa de vocação e de gênio para a criação da obra de arte, sem isso esta é amorfa e sem vida. A música sem a virtuosidade é gélida, não emociona. Uma profissão pode ser desenvolvida com a técnica, mas se houver realização no seu desempenho, tanto melhor, dado que a competência técnica não pode substituir o desejo, a vontade, o prazer.

A vocação pode não ser uma condição determinante para o bom exercício profissional, assim como o afeto pelos alunos não substitui a competência, mas acredito que ter esses qualificativos numa carreira não significa um ônus, e sim um acréscimo. Se junto ao bom desempenho na profissão a professora ainda gostar do que faz e possuir uma relação de afeto com aqueles a ela confiados, isso é um sintoma de humanidade e não apenas de subordinação ideológica.

A racionalidade técnica que se impôs ao magistério, nos últimos tempos, despojou as professoras de uma faceta de seu trabalho em que acreditavam antes de mais nada. Mesmo incorporando o discurso da missão e da vocação, elas nunca deixaram de assumir a necessidade de serem competentes. A competência poderia ser adquirida com a experiência, já que não se acreditava nessa apropriação somente durante o período de formação, por melhor que fosse o padrão de excelência atribuído ao curso que frequentavam.

Para as professoras primárias do começo do século, o magistério foi o ponto de partida, foi o *possível* no momento histórico em que viveram. Significou o trânsito do invisível para a visibilidade e a realização de alguma coisa, que não o pouco prestigiado serviço doméstico. Repito: que conquista poderia ser melhor? O magistério era o trabalho intelectual e assalariado sem conotação pejorativa, era o estatuto conferido pelo conhecimento e pelo uso da inteligência. Tinha o poder de conceder uma palavra mais abalizada num meio ignorante. Conferia mobilidade social, mais liberdade pessoal e respeito entre as classes trabalhadoras. Possibilitava bem-estar econômico e pessoal. A partir daí novos caminhos se abriram e as mulheres continuaram ocupando esse espaço profissional até representarem a grande maioria, e isso vem se desenvolvendo de forma progressiva nos últimos tempos.

Quanto à questão da maternidade inserida no magistério feminino, as professoras, ao acatar a feminilidade, incorporam seus atributos, mas rejeitam a ideia de desigualdade. Consideram que as mulheres têm uma determinada maneira de ser que as faz diferentes, mas nem por isso seus direitos devem ser desiguais, o que, atualmente, configura-se como um dos princípios básicos dos estudos de gênero e da crítica feminista mundial: a *igualdade* na *diferença*. Ter filhos e constituir família são desejos inerentes a todos os seres humanos, com raras exceções, sejam eles homens ou mulheres, e explicitar esse desejo não é motivo de vergonha; concordar que, muitas vezes, eles interferem no trabalho, também é uma realidade. Por que então não concordar com as professoras quando imputam ao magistério os atributos de afetividade?

As mulheres, pelos papéis sociais que inexoravelmente desempenham, o cerceamento de suas vidas e seus desejos nas relações que se estabelecem entre os sexos, acabam por realizar escolhas que não conflitam com as estruturas de poder e as questões afetivas com as quais convivem cotidianamente:

> Sabendo que há uma dimensão em suas vidas que pode vir a ser prioritária a qualquer momento, escolhem profissões que possam compor futuramente com as atividades de mãe, esposa e dona de casa. Isto não significa que algumas mulheres não possuam "vocação" para o magistério, mas o discurso da "vocação" pode encobrir também um outro "saber" das mulheres: o de seu "lugar" nas relações de poder entre gêneros. (Piza, 1994, p.87)

Durante a realização das entrevistas com as antigas professoras primárias pude perceber que existe um discurso afetivo em relação à profissão que um dia exerceram. Palavras como amor, afeto, carinho, solidariedade, maternagem aparecem entremeadas com as suas lembranças e alinhadas com um claro sentimento de orgulho e prazer pelo que realizaram um dia na sala de aula. O seu discurso apresenta um tom saudosista, impregnado de ternura e afeto pelo magistério e pelas crianças que ensinaram e ajudaram a educar. Porém, em que pese esse discurso, consideram seu trabalho como o desempenho de uma profissão que exige competência e conhecimentos.

A forma feminina que encontraram para relacionar o espaço profissional e o doméstico, no qual suas vidas sempre estiveram irremediavelmente ancoradas, implicava um tipo de resistência ao articular essas dimensões, pois a autonomia das salas de aula poderia confundir-se com a autonomia das tarefas no lar. Para Carvalho, "esse modelo feminino de prática docente traz em seu bojo as referências do universo doméstico, as únicas ou, pelo menos, as mais importantes para a maioria das mulheres que se tornam professoras. É a partir da maternagem que elas pensam suas relações com os alunos, a partir do trabalho doméstico que encaram a escola, é tendo por base as relações familiares que se colocam no interior da instituição escolar" (1994, p.97).

As professoras, nos seus depoimentos, foram enfáticas em ressaltar a importância e a dignidade do trabalho que um dia desempenharam e que lhes possibilitou uma vida melhor em termos de sobrevivência, realizações e recompensas afetivas. O salário que recebiam serviu para que ajudassem financeiramente a família, para cuidar de entes queridos e de si próprias. Em muitos casos, o salário foi determinante para a sobrevivência material. *O que teria sido delas sem essa profissão? O que lhes restaria além do casamento e o invisível trabalho doméstico, ignoto e frustrante porque não reconhecido e ausente de resultados? Sem o matrimônio, como sustentar-se com dignidade na falta de outro tipo de apoio econômico, se não fosse o magistério?*

Reside aí a hermenêutica de um discurso que coloca em plano concreto *o sentido* e *o significado* da sua existência, que transparece na fala e nos gestos dessas mulheres, exímias na arte da oralidade, e espelha em seus rostos de camafeus aquela doçura de quem sabe que fez sua parte na emaranhada e inconsútil tessitura da vida:

> Eu fiquei lá [no magistério]. Por quê? Não sei se sou forte, mas resolvi enfrentar. E cheguei até aqui com minha aposentadoria mesquinha, linda, maravilhosa! (D. Helena)

> achei que não podia ter feito coisa melhor na vida que não fosse lecionar. Era minha paixão lecionar! ... Sabe o que é paixão? Uma paixão! (D. Maria Eugênia)

O que é essa paixão a que se refere D. Maria Eugênia e que permanece implícita na fala das demais professoras?

Em Aristóteles, a paixão contém uma ideia de passividade, contrapondo-se à ação. Para Descartes, é um estado efetivo, proveniente das ações cerebrais e tudo que não for ação será paixão. No romantismo, a paixão adquire um sentimento de desejo e exaltação, que impele o indivíduo a um objetivo desejado, opondo-se à razão e à reflexão. Os escolásticos entendiam que as paixões eram energias básicas que podiam encontrar-se nos homens e nos animais, sendo que, nos primeiros, possuíam um valor moral que não se encontrava nos últimos. A doutrina das paixões abrangeu, na Idade Moderna, grande parte da teoria da alma humana. Para Espinosa, existem três paixões fundamentais: o desejo, a alegria e a tristeza. Na *Ética*, Espinosa afirma que as paixões fazem que os homens difiram entre si, ao contrário da razão, que os faz concordar (apud Japiassu & Marcondes, 1991).

Nos tempos atuais, considera-se paixão todo afeto intenso e permanente, e a invasão da vida psíquica por um sentimento que domina a razão e a vontade. Para Hegel, a paixão é o interesse ao qual o ser humano se entrega, esquecendo-se de todos os outros e concentrando no objeto, sujeito da paixão, todos seus esforços, sua vontade e sua energia, e nada de grande se realizaria no mundo sem paixão.

A paixão ainda pode adotar várias formas, tal a intensidade de que a palavra pode revestir-se na riqueza da nossa língua: pode significar amor intenso; inclinação afetiva e sensual de grande poder; obsessão cega; entusiasmo muito vivo por alguma coisa; vício dominador. Pode ser vista como objeto ou desgosto, mágoa, arrebatamento, cólera; fanatismo, cegueira; sensibilidade do artista, emoção e, finalmente, a conotação religiosa com a vida de Cristo (Ferreira, 1986).

Além disso, a paixão pode ser vista como uma tendência, bastante forte e duradoura, capaz de dominar a vida mental. Lebrun faz uma incursão por Aristóteles, Leibniz, Descartes, Hegel, Nietzsche e Espinosa, entre outros, para conceituar paixão, à qual atribui mobilidade e imperfeição ontológica: "a paixão é um dado sublunar e da existência humana. Devemos contar com as paixões. Devemos até aprender a tirar proveito delas" (Lebrun, 1993, p.17).

Quando Hegel escreveu a célebre frase: "nada de grande se fez sem paixão", não se referia a impulsos passageiros ou a obsessões passionais da forma que se tem mais comumente referido à paixão e que representa um lado sombrio do ser humano. Hegel referia-se àquele estado que se deriva da vontade e do poder da crença em alguma coisa, aquilo que faz os homens realizarem grandes feitos movidos por uma força incoercível, quase sobre-humana.

A minha concepção de paixão situa-se numa esfera de desejo de ser, de esforço, no sentido de realização, de vontade e capacidade de libertação. É um movimento forte o bastante para justificar tentativas e persistir, apesar de todos os obstáculos, na busca de realização individual. No campo da paixão, os dominados, os explorados, os revolucionários, os transgressores caminham por espaços a serem desbravados e cada conquista, justamente por sua dificuldade, torna-se mais apaixonada. E da paixão pelo magistério, do sentimento das mulheres que nessa profissão realizaram alguma coisa, talvez pouco saibamos, a não ser aquilo que elas disseram...

Ao longo das décadas que vem atravessando a educação escolarizada brasileira, as professoras primárias têm sido as principais responsáveis pela instrução e formação das crianças, desde os seus primeiros anos na escola. Essas professoras têm feito seu trabalho sob as condições mais adversas e que vão desde o descaso dos poderes públicos para com a educação até as mais variadas acusações que lhes são feitas de incompetência técnica, despreparo para o magistério e insuficiência cultural, *como se isso fosse sua culpa e não deste mesmo poder que não investe adequadamente nos cursos de formação e nem destina verbas suficientes para a educação.* Como se isso não bastasse, ainda têm que conviver com a incompreensão dos meios intelectuais quando asseguram que gostam de ensinar, que sentem prazer com a profissão e até que gostam de crianças! *Como se isso fosse motivo de vergonha e não fruto da realidade que cada um carrega dentro de si.*

O ato de educar um outro ser humano é difícil, exige força interior e vontade. Cuidar de crianças que não sejam os próprios filhos envolve outros componentes, que não o simples trabalho. Deve ser por isso que as análises do magistério que vêm adotando unicamente a categoria trabalho e as suas resultantes têm falhado nas suas explicações. Nóvoa, quando se refere ao exercício do magistério e o papel dos professores no ensino, usa o termo *criar a esperança*, e assegura que:

> O amanhã da profissão docente – um amanhã que organiza o hoje – não está certamente numa visão idílica do papel da escola e dos professores, cuja ilusão não é mais possível neste final tormentoso do século XX. Lembre-se, contudo, que denunciar a ilusão não é renunciar a criar esperança. Os professores não são certamente os salvadores do mundo, como muitas vezes se proclamou, mas eles também não são meros agentes de um poder que os ultrapassa, como por vezes nos quiseram fazer crer. Só reencontrando um equilíbrio e uma identidade profissional que perderam em meados deste século, os professores poderão definir estratégias de acção, que não podem mudar tudo, mas que podem mudar alguma coisa. E esta alguma coisa não é coisa de somenos. (1986, p.57)

A respeito do magistério feminino, considero que o que fica mais claro é usar *a paixão pelo possível*, ou, talvez, *recriar a esperança* que um dia existiu e se perdeu pelos caminhos de uma educação sem objetivos universais e democráticos. E conforme já foi dito, uma esperança e uma fé que sempre fizeram parte da condição feminina e sua atuação no magistério e que têm sido sistematicamente destruídas a cada professora que deixa a profissão em busca de melhores salários para poder sobreviver, e a cada criança que não consegue permanecer na escola por culpa das desigualdades sociais.

Os trabalhos acadêmicos que se encarregaram de esclarecer os mecanismos de subordinação e desvalorização profissional das professoras, embora tenham sido os primeiros a alertarem sobre essas relações de poder dentro do magistério e na educação como um todo, ao aliarem esses dois aspectos à feminização, acabaram por provocar um esvaziamento conceitual a respeito da profissão em termos das expectativas das mulheres. Isso porque, quando

MULHER E EDUCAÇÃO: A PAIXÃO PELO POSSÍVEL   217

procederam às denúncias, não apontaram diretrizes concretas que, aliando os estudos de gênero à Educação, possibilitassem a superação do estado de coisas denunciado e a apropriação de uma consciência profissional valorativa por parte das professoras, aliada à ontologia de ser mulher.

Embora tenham sido sempre as professoras que levaram em frente o ensino e a aprendizagem, elas são as grandes ausentes da Educação e da sua história. As realizações do dia a dia, as muitas gerações de crianças alfabetizadas, as experiências bem-sucedidas em sala de aula, as histórias de sucesso nem sempre são levadas em consideração, mas sim o que se coloca no papel por pessoas ausentes dessa mesma sala de aula e que se transformam em projetos de lei e diretrizes para o ensino que não são suficientes para modificar a prática concreta e interferir no cotidiano das salas de aula!

A história permite rever conceitos que, juntamente com as fontes escritas, ficaram guardados em locais difíceis, acobertados pela necessidade de dar uma visão racional a tudo, em nome da ciência. Nesse procedimento da adoção de papéis formais, esquece-se da experiência vivida e recusa-se uma ação que aja enquanto demolidora de parâmetros aceitos como únicos modelos explicativos do real.

A vida de todo dia é uma realidade e o detalhe faz parte desse cotidiano. Daí a necessidade de uma hermenêutica que se preocupe com essas micro-histórias e lhes atribua critérios valorativos. A utopia do sujeito universal abstrato só pode promover uma análise ausente dos atributos de humanidade dos homens e mulheres que fazem história, vivendo existências comuns, em que a busca da felicidade pessoal impõe sua marca nos atos cotidianos.

Quando me decidi por investigar as mulheres na Educação, representadas pelas professoras primárias, e trabalhar com a imprensa e, depois, com a memória, realizei, talvez, um desejo antigo de escrever essa história. Na escolha que fiz não houve neutralidade e, durante todo o tempo, tive consciência de que, neste trabalho, também havia traços da minha própria vida. Também fui professora primária e dei meus primeiros passos no magistério percorrendo as trilhas empoeiradas que levavam às escolinhas na roça, ao encontro de uma paixão que se mantém até hoje: *a edu-cação escolar*.

Pude, assim, costurar os meus *retalhos de tempo* e isso foi um ato de amor, e, outras vezes, de dor. Porque o tempo passou, como sempre passa, apesar de tudo, e muitas coisas ficaram para trás, entre elas uma jovem professora ansiosa pelo seu primeiro dia de aula e pelos seus primeiros alunos. Foi nessa escola da roça que se deu um primeiro encontro repleto de erros, de dúvidas e indeci-sões, mas, hoje vejo, envolto em afeto e vontade. Eles, os meus primeiros alunos, eram como o sal da terra, simples e rijos pelos ventos da pobreza, e mostraram-me o sentido da palavra *solida-riedade* e o significado de *compromisso*.

> *Pregunté a mi padre quiénes eran los templarios. Recuerdo que me dijo que eran unos caballeros, y yo era una mujer. Y esto se me quedó en el alma gestando porque yo quería ser un caballero y quería no dejar de ser mujer, eso no; yo no quería rechazar, yo quería encon-trar y ser fecunda.*

María Zambrano

REFERÊNCIAS BIBLIOGRÁFICAS

ADLER, L. *Segredos de alcova*: história do casal (1850/1930). Portugal: Terramar, 1983.

ALMEIDA, J. S. de. *Formação de professores do 1º grau*: a prática de ensino em questão. São Carlos, 1991. Dissertação (Mestrado) – Universidade Federal de São Carlos.

ALMEIDA, J. L. de. Conselhos às noivas. In: SERRANO, I. de A. *Noções de economia doméstica*. 3.ed. São Paulo: Companhia Editora Nacional, 1950.

ANUÁRIO *do Ensino do Estado de São Paulo*. São Paulo, 1907/1908; 19011/1912; 1918.

APPLE, M. W. Ensino e trabalho feminino: uma análise comparativa da história e da ideologia. *Cadernos de Pesquisa (São Paulo)*, v.64, p.14-23, fev. 1988.

ARANGUREN, M. N. Mirada nueva, problemas viejos. In: LUNA, L. G. (Comp.) *Mujeres y sociedad*: nuevos enfoques teóricos y metodológicos. Barcelona: Promociones y Universitárias, 1991.

ARAÚJO, H. C. de. As professoras primárias na viragem do século: uma contribuição para a história da sua emergência no Estado (1870/1910). *Revista Organizações e Trabalho*, n.56, dez. 1991.

_____. Uma outra visão sobre o professorado em Portugal. In: COLÓQUIO EDUCAÇÃO E SOCIEDADE, Lisboa, dez. 1993a.

ARAÚJO, H. C. de. *Em busca da autonomia pessoal e profissional – as professoras primárias nos anos vinte e trinta*. Estudos sobre as mulheres em Portugal. Lisboa: Comissão para a Igualdade e para os Direitos das Mulheres, 1993b.

_____. *A vocação do prazer*: a cidade e a família no Rio de Janeiro republicano. Rio de Janeiro: Rocco, 1993.

ARIÈS, P. *O tempo da História*. Lisboa: Relógio D'Água, 1992.

BARBOSA, M. À procura da história das mulheres. In: As mulheres, a identidade cultural e a defesa nacional. *Cadernos da Condição Feminina (Lisboa)*, n.29, 1989.

BARREIRA, C. *História das nossas avós*: retrato da burguesa em Lisboa 1890-1930. Lisboa: Edições Colibri, 1992.

BERNARDES, M. T.-C. C. A República brasileira em jornais femininos da época (1889/1890). *Cadernos de Pesquisa (São Paulo)*, Fundação Carlos Chagas, v.71, p.20-8, nov. 1989.

BICALHO, M. F. B. O bello sexo: imprensa e identidade feminina no Rio de Janeiro em fins do século XIX e início do século XX. In: COSTA, A. de O., BRUSCHINI, C. (Org.) *Rebeldia e submissão*: estudos sobre a condição feminina. São Paulo: Vértice, Fundação Carlos Chagas, 1989.

BOSI, E. *Memória e sociedade*: lembranças de velhos. São Paulo: T. A. Queiroz, 1983.

BUITONI, D. S. *Imprensa feminina*, São Paulo: Ática, 1986.

CAMPOS, A. de. *Casa de pais, escola de filhos*. Paris: Aillaud; Lisboa: Bertrand; Rio de Janeiro: Francisco Alves, 1921.

CARVALHO, J. M. de. *A formação das almas*: o imaginário da República no Brasil. São Paulo: Companhia das Letras, 1990.

CARVALHO, M. Mestra sim. Tia também: professoras de 1º grau na periferia de São Paulo. *Projeto História: Revista do Programa de Estudos Pós-Graduados em História e do Departamento de História (São Paulo: PUC)*, n.11, nov. 1994.

CATANI, D. B. *Educadores à meia-luz*: um estudo sobre a Associação Beneficente do Professorado Público em São Paulo, 1902/1918. São Paulo, 1989. Tese (Doutoramento) – Faculdade de Educação, Universidade de São Paulo.

COSTA, A. de O., BRUSCHINI, C. Uma contribuição ímpar: os *Cadernos de Pesquisa* e a consolidação dos estudos de gênero. *Cadernos de Pesquisa (São Paulo)*, Fundação Carlos Chagas, n.80, fev. 1992.

COSTA, E. de S. *A mulher* – educação infantil. Rio de Janeiro: Álvaro Pinto Editor, 1923.

CUNHA, M. T. S. Biblioteca das moças: contos de fada ou contos de vida? *Projeto História: Revista do Programa de Estudos Pós-Graduados em História e do Departamento de História*, n.11, nov. 1994.

DEL PRIORE, M. *Ao sul do corpo*: condição feminina, maternidade e mentalidades no Brasil Colônia. Rio de Janeiro: José Olympio; Brasília, DF: Editora da UnB, 1993.

DORA Lice (pseud.) *O calvário de uma professora*. São Paulo: Estabelecimento Graphico Irmãos Ferraz, 1928.

DUBY, G. O historiador hoje. In: *História Nova e Nova História*. Lisboa: Teorema, 1986.

FARIA FILHO, L. M. de. *Dos pardieiros aos palácios*: forma e cultura escolares em Belo Horizonte (1906/1918). São Paulo, 1996. Tese (Doutoramento) – Faculdade de Educação, Universidade de São Paulo.

FERREIRA, A. B. de. *Novo dicionário da língua portuguesa*. Rio de Janeiro: Nova Fronteira, 1986.

FRIEDMAN, B. *A mística feminina*. Petrópolis: Vozes, 1971.

GAIR, J. P. *O que todo rapaz deve saber sobre sexo*. 5.ed. São Paulo: Editora Universitária, 1951.

HALBWACHS, M. *A memória coletiva*. São Paulo: Vértice, 1990.

IZQUIERDO, M. de J. Un marco teórico para las relaciones de sexo y de género. In: LUNA, L. G. (Comp.) *Mujeres y sociedad*: nuevos enfoques teóricos y metodológicos. Barcelona: Promociones y Universitárias, 1991.

INEP. *Formação de Professores no Brasil (1960-1980)*. Resumos analíticos em educação. Brasília, 1987, 3v.

JAPIASSU, H., MARCONDES, D. *Dicionário básico de filosofia*. Rio de Janeiro: Zahar, 1991.

LEBRUN, G. O conceito de paixão. In: CARDOSO, S. et. al. (Org.) *Os sentidos da Paixão*. São Paulo: Funarte, Companhia das Letras, 1993.

LOPES, M. A. *Mulheres, espaço e sociabilidade*. Lisboa: Livros Horizonte, 1989.

LOURO, G. L. Prendas e antiprendas: educando a mulher gaúcha. *Educação e Realidade (Porto Alegre)*, v.11, n.2, jul./dez. 1986.

LOVISOLO, H. A memória e a formação dos homens. *Estudos Históricos (Rio de Janeiro)*, v.2, n.3, 1989.

MAGALDI, A. M. B. de M. Mulheres no mundo da casa: imagens femininas nos romances de Machado de Assis e Aluízio de Azevedo. In: COSTA A. de O., BRUSCHINI, C. (Org.) *Entre a virtude e o pecado*. Rio de Janeiro: Rosa dos Tempos; São Paulo: Fundação Carlos Chagas, 1992.

MANOEL, I. A. *Igreja e educação feminina*. São Paulo: Editora UNESP, 1996.

MATOS, M. I. S. de. Delineando corpos: as representações do feminino e do masculino no discurso médico. São Paulo, 1890-1930. XIX INTERNATIONAL CONGRESS OF LATIN AMERICAN STUDIES ASSOCIATION, Washington, DC, set. 1995. (Mimeogr.).

MENDES, T. R. *A Mulhér*: sua preeminência social e moral segundo os ensinos da verdadeira sciência pozitiva. 4.ed. Rio de Janeiro: Igreja do Apostolado Pozitivista do Brasil, 1958.

MORIN, E. *Entrevistas do* Le Monde: ideias contemporâneas. São Paulo: Ática, 1989.

NÓVOA, A. *História da Educação*. Relatório para Concurso de Agregação. Lisboa: Faculdade de Psicologia e Ciências da Educação, Universidade de Lisboa, 1994.

_____. Do mestre-escola ao professor do ensino primário: subsídios para a história da profissão docente em Portugal (séculos XVI-XX). Lisboa: Instituto Superior de Educação Física, 1986.

PENA, M. V. J. A Revolução de 30, a família e o feminismo. *Cadernos de Pesquisa (São Paulo)*, n.37, p.78-83, maio 1981.

PEREIRA, L. *Magistério primário na sociedade de classes*. São Paulo, 1963. Tese (Doutoramento) – Faculdade de Filosofia, Ciências e Letras, Universidade de São Paulo.

PERROT, M. *Os excluídos da História* – operários, mulheres, prisioneiros. Rio de Janeiro: Paz e Terra, 1988.

_____. Práticas da memória feminina. *Revista Brasileira de História (São Paulo)*, n.18, v.9, ago.-set. 1987.

PIZA, E. Contaminação de práticas no trabalho de magistério: notas para reflexão. *Projeto História: Revista do Programa de Estudos Pós-Graduados em História e do Departamento de História (São Paulo)*, n.11, nov. 1994.

RAGO, M. *Os prazeres da noite*: prostituição e códigos da sexualidade feminina em São Paulo (1890-1930). Rio de Janeiro: Paz e Terra, 1991.

RAMOS, M. D. *Mujeres y Historia*: reflexiones sobre las experiencias vividas en los espacios publicos y privados. Málaga: Universidade de Málaga, Atenea, 1993.

RICOEUR, P. *Entrevistas do* Le Monde: filosofias. São Paulo: Ática, 1990.

ROSEMBERG, F. Educação formal e mulher: um balanço parcial da bibliografia. In: COSTA, A. de O., BRUSCHINI, C. (Org.) *Uma questão de gênero*. Rio de Janeiro: Rosa dos Tempos; São Paulo: Fundação Carlos Chagas, 1992.

SAFFIOTI, H. I. B. *A mulher na sociedade de classes*: mito e realidade. Petrópolis: Vozes, 1976.

SANCHES, A. N. R. *Cartas sobre a educação da mocidade*. Coimbra: Imprensa da Universidade, 1922.

SCOTT, J. Gênero: uma categoria útil de análise histórica. *Educação e Realidade (Porto Alegre)*, v.16, n.2, p.5, jul.-dez.1990.

SILVA, M. C. P. da. *A paixão de formar*: da psicanálise à educação. Porto Alegre: Artes Médicas, 1994.

SERRANO, I. de A. *Noções de Economia Doméstica*. 3.ed. São Paulo: Cia. Editora Nacional, 1950.

SOUZA, R. F. de. Espaço da educação e da civilização: origens dos Grupos Escolares no Brasil. In: VALDEMARIN, V. T., SOUZA, R. F. de., ALMEIDA, J. S. de. *O legado educacional do século XIX*. Araraquara: Faculdade de Ciências e Letras, UNESP, 1998.

SOUZA, C. P. de. Imprensa e educação católica na formação do público leitor feminino (1920/1950). *Projeto História, Revista do Programa de Estudos Pós-Graduados em História e do Departamento de História (São Paulo)*, n.11, nov. 1994.

THOMPSON, P. *A voz do passado – história oral*. Rio de Janeiro: Paz e Terra, 1992.

A IMPRENSA PERIÓDICA EDUCACIONAL E FEMININA NO BRASIL (1864-1944)

A imprensa periódica educacional
(cidade, ordem cronológica, local
onde se encontra e estado de conservação)

A ESCOLA PÚBLICA. Brasil. São Paulo: Biblioteca John Kennedy, 1893 a 1897 (em mau estado).

REVISTA DE ENSINO. Brasil. São Paulo: Biblioteca John Kennedy, 1902 a 1918 (em bom estado).

REVISTA ESCOLAR. Brasil. São Paulo: Biblioteca John Kennedy, 1925 a 1927 (em bom estado).

REVISTA EDUCAÇÃO. Brasil. São Paulo: Biblioteca John Kennedy, 1927 a 1961 (em bom estado).

ESCOLA NOVA. Brasil. São Paulo: Biblioteca John Kennedy, 1930 (em bom estado, coleção encadernada).

REVISTA DE HIGIENE E SAÚDE. Brasil. Rio de Janeiro: Widener Library, Harvard University, Cambridge, MA, Estados Unidos, 1931 (em bom estado).

BOLETIM DO CENTRO DE ESTUDOS HISTÓRICOS. Brasil. Rio de Janeiro: Widener Library, Harvard University, Cambridge, MA, Estados Unidos, 1937 (apenas um número em bom estado).

ARQUIVOS DO INSTITUTO DE EDUCAÇÃO. Brasil. Rio de Janeiro: Widener Library, Harvard University, Cambridge, MA, Estados Unidos, 1937 (em bom estado, coleção incompleta).

FORMAÇÃO: Revista Brasileira de Educação. Brasil. Rio de Janeiro: Widener Library, Harvard University, Cambridge, MA, Estados Unidos, 1940 a 1941 (em ótimo estado).

BRASIL NOVO: Brasil. Departamento Nacional de Propaganda e Publicidade do Estado de São Paulo e Rio de Janeiro: Widener Library, Harvard University, Cambridge, MA, Estados Unidos, 1939 (apenas um número em bom estado).

O ESTUDANTE. Brasil. São Paulo: Biblioteca John Kennedy, 1943 (em bom estado).

A imprensa periódica feminina

REVISTA FEMININA. Brasil. São Paulo: Biblioteca Mário de Andrade, 1914 a 1936 (coleção em acervo fechado e microfilmada).

EVA. Brasil. São Paulo: Biblioteca John Kennedy, 1925 a1930 (revista editada em Lisboa, Portugal, em mau estado).

ELLA. Brasil. São Paulo: Biblioteca John Kennedy, 1940 (poucos exemplares em bom estado).

JORNAL DAS MOÇAS. Brasil: Rio de Janeiro, São Paulo: Biblioteca John Kennedy, 1944 a 1955 (poucos exemplares, alguns em mau estado).

A IMPRENSA PERIÓDICA COMUM

O MÉDICO DO POVO. Brasil. Rio de Janeiro: Widener Library, Harvard University, Cambridge, MA, Estados Unidos, 1864 (em bom estado).

MULHER E EDUCAÇÃO: A PAIXÃO PELO POSSÍVEL   225

REVISTA ILLUSTRADA. Portugal. Lisboa: Widener Library, Harvard University, Cambridge, MA, Estados Unidos, 1890 a 1892 (em ótimo estado, coleção completa).

BRAZIL–PORTUGAL. Portugal. Lisboa: Widener Library, Harvard University, Cambridge, MA, Estados Unidos, 1899 a 1914 (em ótimo estado, coleção encadernada e completa).

ILLUSTRAÇÃO. Portugal. Lisboa: Widener Library, Harvard University, Cambridge, MA, Estados Unidos, 1899 a 1927 (ótimo estado, coleção completa).

SOBRE O LIVRO

Coleção: Prismas
Formato: 16 x 23 cm
Mancha: 23 x 43 paicas
Tipografia: Classical Garamond 10/13
Papel: Offset 75 g/m² (miolo)
Cartão Supremo 250 g/m² (capa)
1ª edição: 1998

EQUIPE DE REALIZAÇÃO

Produção Gráfica
Edson Francisco dos Santos (Assistente)

Edição de texto
Fábio Gonçalves (Assistente Editorial)
Fernanda Spinelli Rossi (Preparação de Original)
Adriana Dalla Ono e
Nelson Luis Barbosa (Revisão)
Oitava Rima Prod. Editorial (Atualização Ortográfica)

Editoração Eletrônica
Oitava Rima Prod. Editorial

Projeto Visual
Lourdes Guacira da Silva Simonelli

Impressão e acabamento